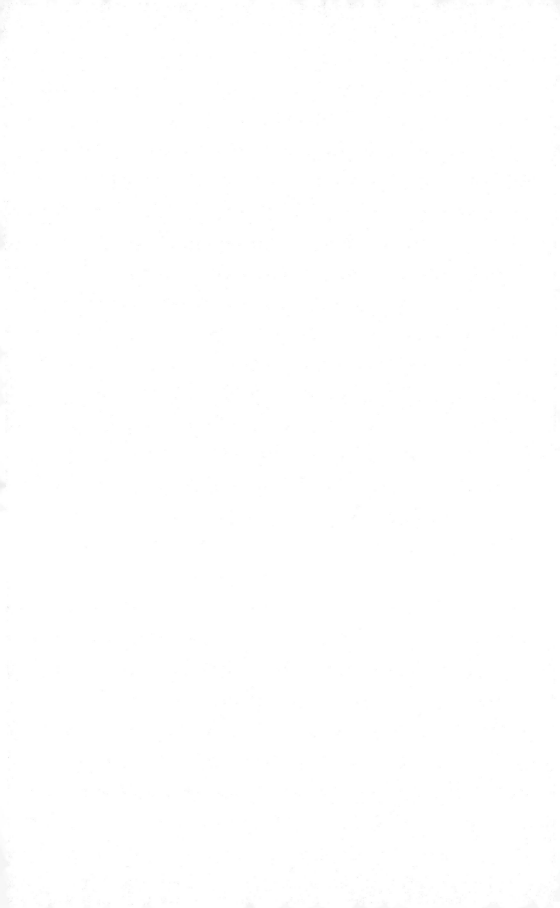

مقدمة في علم النفس

مقدمة في علم النفس

أ.م.د.نبيهه صالح السامرائي

عضو هيئة تدريس قسم

التربية وعلم النفس

كلية الآداب والعلوم

جامعة ناصر

أ.م.د. عثمان علي أميمن

أمين قسم التربية وعلم النفس

كلية الآداب والعلوم

جامعة ناصر

1432هـ-2011م

المملكة الأردنية الهاشمية
رقم الإيداع لدى دائرة
المكتبة الوطنية
(2002/7/1721)

150

السامرائي، نبيهه صالح

مقدمة في علم النفس/نبيهه صالح السامرائي، عثمان علي أميمن.- عمان: دار زهران، 2002.

(   ) ص.

ر.أ : (2002/7/1721)

الواصفات: / علم النفس الفردي/

- أعدت دائرة المكتبة الوطنية بيانات الفهرسة والتصنيف الأولية
- يتحمل المؤلف كامل المسؤولية القانونية عن محتوى مصنفه ولا يعبر هذا المصنف عن رأي دائرة المكتبة الوطنية أو أي جهة حكومية أخرى

المتخصصون في الكتاب الجامعي الأكاديمي العربي والأجنبي

دار زهران للنشر والتوزيع

تلفاكس : 5331289 – 6 – 962+، ص.ب 1170 عمان 11941 الأردن
E-mail : Zahran.publishers@gmail.com
www.darzahran.net

الإهـــــداء..

الى ولدي

زياد طارق الخنلي

والى زوجته

آمنة عبدالاله المشهداني

والى احفادي

منهما

أ.م.د.نبيهه صالح السامرائي

الى أساتذتنا الذين لولاهم لما وصلنا الى ما وصلنا إليه..

الى كل منهم بدراسة

علم النفس ويسعى لفهم وتفسير السلوك الإنساني

أ.م.د.عثمان علي أميمن

بسم الله الرحمن الرحيم

{ إنا فتحنا لك فتحاً مبيناً (١) ليغْفر لك الله ما تقدم من ذنبك وما تأخر ويتم

نعمته عليك ويهديك صراطاً مستقيماً(٢) وينصرك الله نصرا عزيزاً(٣) }

صدق الله العظيم

سورة الفتح (الآيات ١ - ٣)

مقدمة

يستهدف هذا الكتاب مناقشة وتحديد وتحليل أسس ومفاهيم علم النفس بإسلوب علمي مبسط كمقدمة للقارئ أو الباحث أو الطالب المبتدئ . إذ بعد ذلك يستطيع أياً منهم أن يتعمق في دراسة مختلف مواضيع علم النفس التطبيقية .

لقد بذل الباحثون منذ نمو علم النفس وتطوره كعلم قائم بذاته جهوداً شاقة لإرساء قواعده عن طريق البحوث والتجارب واستخلاص القوانين العامة . ودفع هذا الكثير منهم للكتابة عن هذا العلم وبأساليب متنوعة ، أستهدف منها طرح مفاهيم علم النفس وأهميته في العصر ـ الحديث ، ويعتبر هذا الكتاب بكل تواضع خطة منهجية لتوضيح المعلومات التي يتضمنها المنهج الدراسي كمقدمة في علم النفس العام بالكليات الجامعية ، فضلاً عن أن هذا الكتاب يعد مصدراً نافعاً يغذي المكتبة العربية بالمعلومات الأولية لعلم النفس .

يعتبر هذا الكتاب ثمرة جهود ودراسات وبحوث ومناقشات أجريت مع الطلاب خلال قيامنا بتدريس مواضيع مقدمة علم النفس مع طلاب كلية الآداب حرصنا على أن تكون فصول هذا الكتاب وموضوعاته مرتبة حسب المنهج المقرر بحيث يمكن تدريسها وإعطائها للطلاب في سنة دراسية واحدة وفق الوعاء الزمني الذي خصصته جامعات الجماهيرية لتدريس مادة مقدمة في علم النفس .

بدأ الكتاب بمفاهيم أساسية في علم النفس ومناهجه البحثية شكلت الفصل الأول منه. أما الفصل الثاني فلقد تضمن نشأة وتطور ومفهوم وأهداف علم النفس . والفصل الثالث تضمن علاقة علم النفس بالعلوم الأخرى ومدارسه .

ولقد ألف الدكتور عثمان علي أميمن الفصلين الثاني والثالث . أما بقية فصول الكتاب فقد ألفتها الدكتورة نبيهة صالح السامرائي ، إذ تناول الفصل الرابع مناهج البحث في علم النفس . أما الفصل الخامس فلقد تناول الدوافع وأنواعها (الفطرية والمكتسبة) وقياسها . وإذا دخلنا الفصل السادس فهو يتحدث عن الانفعالات وأنواعها . أما الفصل السابع فلقد تناول الميول وقياس العواطف. وكان موضوع الاتجاهات ومكوناتها من حصة الفصل الثامن . وكان الإنتباه والإدراك من حصة الفصل التاسع ، والتذكر والنسيان من حصة الفصل العاشر . أما الفصل الحادي عشر فلقد تناول التفكير ، وكان آخر الفصول الفصل الثاني عشر إذ تناول الذكاء وقياسه والفروق الفردية .

ولقد بذلنا جهوداً كبيرة في عدم التوسع والايجاز حتى تطبق مفردات المنهج المعدّ لجامعات الجماهيرية الليبية .

وأخيراً نأمل أن نكون قد نجحنا في مهمتنا هذه ، مع تقديرنا الكبير لكل من قدم لنا يد العون بملاحظات أفادت هذا الكتاب .

و الله من وراء القصد ...

المؤلفان

د . نبيهة صالح السامرائي

د . عثمان علي أميمن

2001.1.10 ف

الفصل الأول

مفاهيم أساسية في علم النفس ومناهجه البحثية

- تمهيــــد .

- المعرفة .

- العلم وتعريفـه .

- المنهج العلمي .

- القانون .

- النظرية .

● تمهيد ..

لم تبلغ البحوث ذروتها لولا إعتمادها على طرق علمية متعارف عليها للوصول بهذه البحوث الى
ذروتها في إستقصاء الحقائق ، فليس هناك أي تقدم علمي إلا عن طريق البحث العلمي الذي يعتمد على
منهجية علمية معينة اتفق عليها الباحثون . ويهمنا التطرق الى بعض المفاهيم الأساسية التي يحتاجها
الباحث العلمي في بحثه .

● مفاهيم أساسية في مناهج البحث العلمي :

1- المعرفة : يجمع الانسان عبر تاريخه الطويل كماً هائلاً من المعارف والعلوم ، مرت بعدة مراحل منها :

أ) المرحلة الحسية : وهي عبارة عن الملاحظة البسيطة غير المقصودة مثل ما تسمع أو تبصر أو تلمس من
أمور كتغير الليل والنهار وظهور القمر ليلاً دون أن يتعرف أو يدرك الفرد العلاقات القائمة بين هذه
الظواهر وأسبابها .

ب) المعرفة الفلسفية التأملية : وهي مرحلة التفكير الذي يتعذر حسمه بالتجربة كالتفكير فيما وراء
الطبيعة أو ماذا يعني الموت والحياة وصفات وإثبات وجود الخالق ، وكل هذه الأفكار يتعذر حسمها
بالتجربة . (حسن ، 1970 : ص 19-29)

3) مرحلة المعرفة العلمية التجريبية ، وهو ما يقوم على أساس :

● الملاحظة المنظمة المقصودة للظواهر .

● وضع الفروض الملائمة والتحقق منها بالتجربة وجمع البيانات وتحليلها.

● لا تحاول المعرفة العلمية أن تقف عند المفردات الجزئية التي يتعرض الانسان لبحثها .

● يحاول الباحث أن يصل الى القوانين والنظريات العامة التي تربط هذه المفردات بعضها ببعض .

● التمكن من التعميم والتنبؤ بما يحدث للظواهر المختلفة تحت ظروف معينة .

وهي مراحل لا تتناقض مع بعضها بل تتلازم وتتكامل فيما بينها.(الهجرسي ، 1973 : ص 15 - 18) .

● **العلم وتعريفـــه .**

مما سبق نجد أن المعرفة أوسع وأشمل من العلم وتتضمن معارف علمية أو غير علمية ويمكن حسم هذه القضية باتباع المنهج العلمي بتطبيق خطواته للتمييز بين ما هو علمي أو غير علمـي ولابد أن نشير الى بعض تعاريف العلم .

1- العلم هو المعرفة المنسقة التي تنشأ عن الملاحظة والدراسة والتجربة .

2- العلم هو أحد فروع المعرفة أو الدراسة ، خاصة الفرع الذي يختص بتنسيق وتأكيد (تثبيت) الحقائق والمبادئ والمناهج بواسطة التجربة والفرض   (ويستر ، 1960 : ص 1622) .

3- العلم هو فرع من دراسة تتعلق بجسد مترابط من الحقـائـق الثابتـة المصـنفة ، والتي تحكمها قوانين عامة وتحتوي على طرق ومناهج موثوق بها لإكتشاف الحقائق الجديدة في نطاق هذه الدراسة (أكسفورد : ص 1806).

المنهج العلمي Scientific Method

وقد يعرف المنهج العلمي بالطريقة العلمية أو النهج العلمي وهو ما يشير الى أن التفكير العلمي ليس هو جمع بيانات وحقائق ، ولكن تفسير هذه البيانات والمعلومات والحقائق من قبل الباحث وبيان معانيها ووضعها في اطار منطقي للدليل المؤيد لنتائج البحث دون تحيز ، ويتضمن المنهج العلمي التدليل العقلي الاستنباطي والاستقرائي ، فالبحث يستند الى الفكر بمعنى أن التفكير الذي يتضمنه البحث هو ما يسمى بالتفكير العلمي .

مميزات الطريقة العلمية :

1. يعتمد المنهج العلمي على أن هناك تفسير طبيعي لجميع الظواهر التي نلاحظها وليس هناك نتيجة بدون سبب .

2. رفض الاعتماد على مصدر الثقة واعتمادها على النتائج الصحيحة المدعمة بدليل .

3. اعتمادها الملاحظة المباشرة .

4. النتائج التي يتم التوصل لها يجب أن تكون متمشية مع الدليل ومع الحقائق ومع التجربة داخل مجال الدراسة .

القانون Law

وهو ما يعبر عن حالة الانتظام أو الاستمرار التي يكتشفها العالم ، فالقوانين ما هي الا عبارات تشرح النظام الموجود في هذا العالم فإن لم يكن هناك قانون ينظم سير الظواهر في العالم ، فإن هذا العالم يصبح غامضاً ومشوشاً وتعمه الفوضى ولاشك أن الحياة تصبح مستحيلة في عالم تسوده الفوضى وعدم النظام ، واذا انعدمت القوانين الضابطة فإننا نتوقع ان تحدث لنا أمور كثيرة كأن نغوص في الارض مثلاً ، أو أن المياه قد تغمر الجبال .

والتلال والهضاب ، ولكن لحسن الحظ أن العالم قانوني Law ful فالطبيعة تعتمد بعضها على بعض وهـي مترابطة ومتماسكة ، وتشير الظواهر في هذا العلم تبعاً لقوانين معينة .

والسلوك أيضاً قانوني أو خاضع للنظام وللقانون ، فعالم النفس يستطيع أن يتنبأ مثلاً بما سيحدث في الانتخابات المقبلة ، وإذا لم يكن السلوك قانوني أي خاضع لقانون معين فإن تكوين المجتمع لابد وأن يصبح مستحيلاً ، فمثلاً الموظف ينفق ما معه من نقود إعتمادا على وجود مرتب ثابت ودائم سوف يأتيه في نهاية كل شهر ، وهكذا نرى أن السلوك يحدث تبعاً لنظام منتظم Regular ومن ثم يمكن التنبؤ به . ولكن قد يحدث في بعض الأحيان أن السلوك المنتظر أو المتوقع لا يحدث ، فقد يتأخر دفع راتب الموظف مثلاً ، ولكن هذه الحالات لا تعني أن السلوك لا يخضع للقانون والنظام وإنما يعني أننا لا نعرف كـل قوانين السلوك أو أننا لا نعلم بعض الحقائق والمعلومات الأساسية المنظمة للسلوك .

وهذا يعني أن القانون هو عبارة عن وصف العلاقـة بـين ظاهرتين أو متغـيرين أو أكثر ، ومـن أمثلة هذه القوانين قانون العلاقة بين الحرارة وضغط الغاز الموجود في إناء مغلق وهذا من قوانين الفيزياء . وعلماء النفس يفعلون مثل ذلك فيما يختص بالسلوك الانسـاني ذلـك لأن الأحـداث التـي تكون القانون تسمى بالمثيرات والاستجابات والعلاقة بين المثير Stimulus والاستجابة Response وهي التي يعبر عنها القانون ، فالمثير هو الذي يتكون أولاً وهو الذي يعبر عن السبب Cause أمـا الاسـتجابة فهـي عبـارة عـن الحدث الذي يتبع ظهور المثير ، وهذه الاستجابة هي النتيجة Effect أو المعلول . وأبسط صـور القـوانين السيكولوجية هو القانون الذي يقول (إذا

وجدت A توجد B حيث تدل A على المثير ويدل B على الاستجابة)   (عيسوي ، 1980 : ص 47) .

● النظرية (Theory)

وهو مبدأ عام يبنى على أسـاس أدلـة أو ملاحظـات - يقـترح لتفسـير لظاهرة معينـة - فمـثلاً أصحاب النظرية الارتباطية اهتموا بصفة خاصة بدراسة نمو الارتباطات أو الوصلات بين المثير والاسـتجابات ، وقد تضمنت اهتماماتهم تأثير التعزير والعقاب على هـذه الارتباطات ، ومـدة التـدريب الضـرورية لـكي تتكون الارتباطات وعلاقة هذه الارتباطات بالخصائص الفسيولوجية للفرد ، وقد سـاد الاعتقـاد بـأن هـذه الارتباطات تمدنا بأساس لتفهم السلوك . إن هذه النظرية بنيت على أسس وأدلة وملاحظات كتفسير لهـذه الظاهرة .

الفصل الثاني

علم النفس : نشأته وتطوره ومفهومه وموضوعه وأهدافـــه

- نشأة وتطور علم النفس .

- إسهامات العرب المسلمين في علم النفس .

- مفهوم العلم .

- معنى النفس .

- تعريف علم النفس .

- خصائص علم النفس .

- موضوع علم النفس .

- أهداف علم النفس .

نشأة وتطور علم النفس :-

حاولت البشرية منذ عصور موغلة في القدم تفسير السلوك الإنساني والتنبؤ به. وقد عرف الإنسان منذ القدم الأحلام التى ترمز الى نجاحه أو إخفاقه أثناء تفاعله مع الحياة . ولقد فتن الإغريق منذ آلاف السنين بفكرة تقسيم الوجود البشري الى جسم مادي وروح غير مادية . وظهرت في تاريخ البشرية الكثير من المهن التي بنيت على التنبؤ بسلوك الإنسان كالسحر والشعوذة والعرافة . ولقد لجأ الكثير من الناس الى أصحاب هذه المهن لأجل النصح والإرشاد .

يرفض علم النفس الحديث اليوم الاعتقاد بأن الكائن الحي تسكنه قوى لا يمكن البرهنة على وجودها . ولا يعتقد علم النفس بأن حياة الإنسان تتأثر بمواقع النجوم عند ولادته . وهو لا يرضى أيضاً بوصف الإنسان وفق الطريقة التي نظر بها الفلاسفة القدامى أليه رغم عظمتهم . لا يؤمن علم النفس بالحكم والأمثال الشعبية التي تصور الشخصية الإنسانية . يهتم علم النفس اليوم بدراسة السلوك البشري بنفس الطريقة التي يدرس بها الكيميائي نشاطات وحركة العناصر الكيميائية . تبني إذاً دراسة مواضيع علم النفس اليوم بشكل أساسي على التجربة المضبوطة وعلى الملاحظة الموضوعية والدقة . وعلى هذا النحو أصبح علم النفس يطبق الطريقة العلمية في دراسة سلوك الكائن الحي .

بذل الكثير من الفلاسفة والعلماء جهوداً مضنية حتى وصلوا بعلم النفس الى وضعه الحالي . فقد أسهم فلاسفة القرن السابع عشر والثامن عشر في تطور علم النفس من خلال خلق اتجاه جديد في دراسة عقل الإنسان وسبر أغواره ، فضلاً عن إسهامات علماء الفيزيولوجية في القرن التاسع عشر المتعلقة بالجملة العصبية والدماغ. بيد أن بداية علم النفس الحقيقية كعلمٍ مستقل عن الفلسفة والفيزيولوجية ترجع الى سنة 1879 ، عندما أنشأ العالم الألماني " فيلهيلم فونت " أول مختبر لعلم النفس في مدينة " ليبزج " الألمانية . وبفضل " فونت " وضعت أسس

الدراسة النظامية للسلوك البشري ، وأصبحت دراسة الخبرة الواعية للفرد الاهتمام الرئيسي لعلم النفس .

عرف " فونت " في أمريكا بأنه الأدب الروحي لعلم النفس . واعتبر " وليم جيمس " علم النفس العلم الذي يدرس الحياة العقلية . ولقد استخدم علماء النفس الأوائل طريقة الاستبطان أو التأمل الذاتي لدراسة الحياة العقلية للفرد . حيث يطلب من الفرد تحليل عملياته العقلية بموضوعية . ولذلك اهتم علم النفس في ذلك الوقت بدراسة مواضيع مثل : المشاعر ، الرغبات ، الأفكار ، المحاكمات العقلية ،...إلخ.

هاجم الكثير من علماء النفس طريقة الاستبطان في دراسة الظاهرة النفسية، واعتبروا هذه الطريقة ضرباً من ضروب الطرق الفلسفية المعتمدة أساساً على التقرير الذاتي للفرد . وكانت النتيجة ظهور عالم هو " جون واطسون " الذي قاد لواء حركة جديدة في علم النفس عرفت بالحركة السلوكية . وقد افترضت هذه الحركة أن الحياة العقلية لا يمكن ملاحظتها مباشرة وقياسها ، ومن تم لا يمكن دراستها دراسة علمية . ولذلك نادى أصحاب هذه الحركة بضرورة دراسة السلوك الظاهري للإنسان . وقد رفض " واطسون " فكرة الإرادة الحرة وفكرة أنه بإمكان أن يتحكم الإنسان بمصيره ، وأكد على أن كل ما يفعله الإنسان مرتبط بخبراته الماضية ، واعتبر السلوك البشري استجابة لمثير أو منبه ما . واعتبر المثير حدثا بيئيا واعتبر الاستجابة حركة عضلية مرئية أو رد فعل فيزيولوجي يمكن ملاحظته وقياسه . وقرر " واطسون " أن عملية التفكير هي نوع من الحديث الصامت بين المرء ونفسه .

أدت الحركة السلوكية الى بزوغ حركة سلوكية جديدة عرفت بسيكولوجية المثير والاستجابة . وركز أصحاب هذه المدرسة على دراسة المثيرات التي تؤدي الى الاستجابات السلوكية وعلى دراسة عمليتي الثواب والعقاب اللتين تعملان على المحافظة على هذه الاستجابات وتقويتها وتعديلها من خلال تغيير أنماطهما . وقد تأثرت أبحاث " سكنر " بنتائج أبحاث " تورندايك " الذي درس الارتباطات والمثيرات .

والاستجابات وكيفية تدعيمها . وفي الوقت الذي ظهرت فيه المدرسة السلوكية في أمريكا ، ظهرت مدرسة نفسية أخرى في أوروبا هي المدرسة الجشطالتية .

وقد دعا رواد هذه المدرسة أمثال " كوفكا " و " كهلر " وغيرهم الى ضرورة الانتباه الى النمط الكلي في المشكلة موضوع البحث . ودعا زعماء هذه المدرسة عند دراسة أي موضوع نفسي ـ سواء كان ذلك العمليات الادراكية البسيطة أو الشخصية الإنسانية الى ضرورة توجيه الانتباه الى النمط الكلي ، لأن الكل أكبر من مجرد مجموع أجزائه . ولذلك اعتبر رواد هذه المدرسة أن دراسة الأجزاء لا تعطينا تصوراً جيداً للمشكلة موضوع الدرس . ولا تتفق المدرسة الجشطالتية مع آراء " فونت " التي تدرس الإحساس والمشاعر ، ولا تتفق مع المدرسة السلوكية التي تفتت السلوك الى مجموعة من المثيرات والاستجابات . وقد أسهمت هذه المدرسة في بزوغ مدرسة جديدة في علم النفس ، هي المدرسة المعرفية .

وأخيراً لا ننسى دور " فرويد " الذي أسس مدرسة التحليل النفسي في تطوير علم النفس . ولعل أكبر إسهامات " فرويد " في علم النفس هو اكتشافه كيفية تأثير العمليات اللاشعورية على الشخصية الإنسانية .

لقد اعتبر " فرويد " أن سلوك الإنسان الظاهري تقوده قوى خفية كامنة في منطقة اللاشعور . كما ركز " فرويد " على دور الدوافع الجنسية في توجيه السلوك الإنساني حتى لدى الأطفال الصغار .

ويرجع الفضل الى " فرويد " عندما نبه إلى أهمية خبرات الطفولة في تقرير شخصية وسلوك الراشد ، وإلى أهمية العوامل البيولوجية في تطور شخصية الإنسان .

إسهامات العرب والمسلمين في علم النفس :-

كان للعرب وللمسلمين فضل كبير في دراسة بعض الموضوعات النفسية بطريقة لم تبعد كثيراً عن المنهج العلمي الحديث المتبع في دراسة المواضيع النفسية. ومن بين أعلام العرب والمسلمين في علم النفس :-

1) الفارابي (873 - 951 م) :

وصف " الفارابي " النفس بأنها جوهر روحي غير محسوس ، وأنها حبيسة الجسم ، ويجب أن تترفع عن شهوات الجسد ورغباته ، حتى تسمو فوق أدران المادة ويصفو جوهرها . وهي تصل بالمجاهدة إلى الكمال ، وحين يتم لها ذلك تسعد باتحادها مع الله . وللنفس قدرات تمكن صاحبها من المعرفة . وبعض القدرات مسئول عن الإدراك والفهم ، وبعضها مسئول عن الناحية العلمية . وقوى الإدراك صنفان : حيواني حسي ، وإنساني وجداني وعقلاني . وقال " الفارابي " بفطرية الميول الاجتماعية لدى الإنسان . وقال بتتابع حدوث قوى النفس : الغادية ، الحاسة ، المتخيلة، الناطقة . والنفس ترقى من المحسوس الى المعقول بواسطة القوة المتخيلة . ويقترن بالحاسة نزوع نحو المحسوس ، وبالمتخيلة نزوع نحو المتخيل ، ومثلها الناطقة، وبالقوة النزاعية تكون الإرادة (ماضي ، 1991 : 15).

ولقد وجد " الفارابي " أساسا فطريا للحياة الاجتماعية ، فقال إن الإنسان يعجز عن سد حاجاته الأساسية بنفسه .. وكل واحد من الناس مفطور على أنه محتاج في قوامه وفي أن يبلغ كمالياته إلى أشياء كثيرة لا يمكن أن يقوم بها كلها وحده ، بل إلى قوم له كل واحد منهم بشئ مما يحتاج إليه . وتحدث " الفارابي " عن سمات الشخصية التي ينبغي أن يتصف بها زعيم الجماعة . كما تناول موضوع تماسك الجماعة ، واستعرض الأسس النفسية والاجتماعية لتماسك الجماعة . (موسى ، 1994 : 29 - 30) .

2- ابن سينا (980 - 1037م) :

أوضح " ابن سينا " الصلة بين الجسم والنفس ، وتكلم عن النفس الناطقة وأحوالها ، حيث شرح هبوطها إلى الجسم وحنينها إلى مصدرها الأول . وميز بين عمل الحواس وعمل الغريزة عندما تكلم عن الحواس الظاهرة والحواس الباطنة .

(ماضي ، 1991 : 15)

وعني ابن سينا بالإدراك الحسي ، وأوضح لنا كيف يدرك العقل الكليات وأن الإدراك مراتب ، وأدنى مراتبه هو الإدراك الحسي الذي يعنى انتقال صورة

الشيء الخارجي الى الذهن ، ولكن الشيء الخارجي مركب من مادة ، فإذا انتقلت صورته المدركة عن طريق الحواس الى الذهن ، فهي غير مادية ، ولو أنها لم تتجرد تماماً من لواحق المادة . وأما الخيال فإنه يبرئ الصورة المنزوعة عن المادة تبرئة أشد ، لأنها موجودة فقط في صفحة الخيال دون وجود مادتها ماثلة أمام الحس . أي أن " ابن سينا " يستعين بالتخيل في انتزاع الكليات من الجزئيات المدركة بالحس .

وتحدث " ابن سينا " عن الانفعالات الموجودة لدى الإنسان والتي لا توجد عند الحيوانات مثل : الضحك ، التعجب ، البكاء والخجل ، وهذه الانفعالات أحوال نفسية ، وخصائصها موجودة فيه بسبب النفس التي له ، أدرك " ابن سينا " العلاقة بين الأمراض الجسمية وعلاقتها بالناحية النفسية . وقد عالج " ابن سينا " مريضاً كان يتوهم أنه بقرة ، واستخدم العشق في العلاج النفسي .

3- الغزالي (1058 - 1111م) :-

تكلم " الغزالي " عن القوى النفسية ونشاط النفس واكتساب العادات الصالحة وترك العادات الطالحة ، وعن القدرات النفسية العاقلة مثل الإدراك والذاكرة والتخيل . وشرح الانعكاسات البسيطة وفرق بينها الأفعال المعقدة وبخاصة الإرادية منها . وتحدث عن الوقائع الفطرية والمكتسبة . ويرى أن الانفعالات مؤلمة وسارة ، وتكلم عن الفروق الفردية في مجالات الاستثارة ، والتحكم بردود الفعل الانفعالية وما يصاحبها من تغيرات ، مميزاً بين وجود الخبرة لدى الإنسان المنفعل وعدم وجودها ، والنفس هي الإنسان على الحقيقة بنفسه لا ببدنه . (ماضي ، 1991 : 15 - 16) .

وقد تحدث " الغزالي " عن أنواع السلوك ودوافعه ، وأوضح كيف نسمو بالسلوك في ضوء نور اليقين والمعرفة بالله . والسلوك عند " الغزالي " ليس سلوكاً آلياً، بل حيوي يستهدف تحقيق هدف معين . وميز بين ثلاثة أنواع من

السلوك : الفعل الطبيعي ، والفعل الضروري والسلوك العقلي الإرادي . وذهب إلى أن الأفعال الاضطرارية تصدر عن الإنسان دون سابق إرادة أو علم ودون قدرة على ردها . اما الأفعال الاختيارية هي : الإرادة ، القدرة ، العلم . ويرجع الفضل إلى " الغزالي " في نقل الكثير من قضايا علم النفس لأبن سينا إلى الفلاسفة اللاتينيين في العصور الوسطى. (موسى ، 1994 : 27 - 31)

4) ابن خلدون (1322 - 1406) :-

ذهب ابن خلدون إلي أن عالمنا النفسي كعالمنا الاجتماعي والمادي تحكمه قوانين خاصة ، وأن أحوالنا الاجتماعية والنفسية تظهر في نفس الظروف والمجالات والأحوال التي تكون فيها اِلباب لظهورها السابق أما مماثلة أو مشابهة . وفرق بين إدراك النفس عن طريق آلات الجسم ، وإدراكها في ذاتها .

وسعادة الفلاسفة هي السعادة التي تنتج من الإدراك الأول . وسعادة النفس الناشئة عن إدراكها من ذاتها أعظم وأشد . (ماضي ، 1991 : 16) .

ولقد وضع ابن خلدون نظرية في التعلم ، وقال بوجود ميل فطري الى التجمع . وتناول بالتفصيل العوامل الرئيسية التي تحدد طراز الشخصية السائدة في المجتمع . وله آراء حول الصلة بين سمات الشخصية وبين احتمالات النجاح أو الفشل في مهنة معينة ، كما تدور حول ما يمكن أن يترتب على ممارسة الشخص لمهنة من آثار في سمات شخصيته . (موسى ، 1994 : 30) .

وقد أسهم العرب في العلاج النفسي . حيث تضمن " فردوس الحكمة " لـ " الطبري " كتابات في علم النفس والحواس والأمزجة وبعض العلل العصبية والكابوس الليلي والتشنج العضلي والفالج والارتعاش وشلل الوجه وأمراض وإصابات الرأس والدماغ والصرع وأنواع الصداع المختلفة والدوار والنسيان . كما كتب " ابن سينا " في تفسير الأحلام وكتب في القوى والأفعال وفي وظائف الأعضاء وفي علم النفس ، واعتبر " ابن سينا " العشق من الأمراض العصبية والعقلية كألمانيا

والمانخوليا والأرق والنسيان وغيرها من آفات الذهن . وذهب ألي أن من علامات العشق : غور العين ويبسها واختلال نبض العاشق ، حيث يتغير نبضه وحاله عند ذكر المعشوق وبخاصة عند لقائه بغتة ... وانه يمكن الاستدلال على المعشوق بذكر أسماء كثيرة تعاد مرارا وتكون اليد على نبضه ، فغن اختل نبضه اختلالا عظيماً وصار نبضه متقطعاً دل ذلك على عشقه على صاحب الاسم ... وقد أوصى " ابن سينا " بعلاج العاشق بالتنويم والتغذية الصالحة وبإيقاعهم في خصومات وأشغال ومنازعات ... الخ وقد أنشأ العرب " البيمارستان " لمعالجة الجنون . (مليكة ، 1997 : 22) .

مفهوم العلم :-

1) يعرف " الشيباني العلم بأنه " مجموعة من المعارف والحقائق والمفهومات المنظمة التي أمكن التوصل أليها والتحقق من مدى صحتها عن طريق أسلوب معين . (الشيباني ، 1975 : 28) .

2) العلم هو المعرفة المنسقة التي تنشأ عن الملاحظة والدراسة والتجريب والتي تتم بغرض تحديد طبيعة أو أسس وأصول ما تتم دراسته .

3) العلم هو ذلك الفرع من الدراسة الذي يتعلق بجسد مترابط من الحقائق الثابتة المصنفة والتي تحكمها قوانين عامة وتحتوى على طرق ومناهج موثوق بها ، لاكتشاف الحقائق الجديدة في نطاق هذه الدراسة . (بدر ، 1986 : 20) .

4) يعرف العلم بأنه ذلك الجهد الهادف إلي أيجاد صياغات نظرية تعبر عن الاطراد الحاصل في ظواهر العلم بشكل يفسر هذا الاطراد ، ويتنبأ بحدوثه حين لا يكون قائماً ويضبطه ويتحكم به كلما كان ذلك ميسوراً .

5) العلم تفكير منظم يستمد الحقائق من مصادرها ، فيرتبها ذهنياً ويربطها في نسق يضمها معاً ، بشكل يفسر ما تكون عليه أو ما تؤول أليه .

6) هو تجاوز الجزيئات إلي الكليات بربط الجزيئات مع بعضها بعلاقات يعبر عنها بلغة مجردة تفيد التعليم . (عريفج وزميلاه ، 1986 : 11) .

7) أو هو الطريقة التي تستخدم بغية الحصول على المعرفة . أو هـو تلـك الدراسـة المنظمـة في مجـال مـا يهدف الوصول الى القوانين باتباع المنهج العلمـي . أو هـو بحـث منهجـي موضـوعي عـن المعرفـة الممكـن التحقق منها .

معنى النفس :-

يقصد بالنفس " ذلك الجوهر أو النظام النفسي- الـذي يمـيز الإنسـان عـن غـيره فيجعلـه يعقـل ويفكر ويدبر ، ويتخذ القرارات ، ويصدر الأحكام ، ويدرك المنبهات المحيطة به ثـم يختـار طريقـة بإرادتـه الحرة . فالنفس التي نعيها هي نفس حرة ، تمتلك أرادتها ما يجعلها معرضة للصـواب والخطـأ في أحكامهـا تبعاً لعوامل طبيعية وأساليب استجابته للمنبهـات البيئيـة وتوقعاتـه الذاتيـة لنتـائج سـلوكه . (القـذافي ، 1990 : 7) .

ولا توجـد فلسـفة قديمـة أو حديثـة ألا وتطرقـت لموضـوع الـنفس . وتعـددت نظـرة الفلاسـفة والمفكرين للنفس . فقد نظر بعض الفلاسفة الإغريق الى النفس بأنها الروح أو العقل . واعتبرها أفلاطـون " النصف الثاني للإنسان واسقط عليها بعض الصفات مثـل : اللاماديـة ، الطهـارة ن النقـاء ، الانـتماء الى عـالم المثل ، فغدت شيئاً هائماً غير محـدد . واعتـبر " أرسـطو " الـنفس كـمال أول لجسـم طبيعـي الى ذي حيـاة بالقوة . وهي مجموعة الوظائف الحيوية من نمو وتغذية وإحساس وحركة وتفكـير وتترقـى هـذه الـنفس بترقي وظائفها الحيوية . وعليه فقد جعل للنبات نفساً وللحيوان نفساً وللإنسان نفساً هي أكمـل النفـوس وأقدرها على أداء كل الوظائف الحيوية . (الريماوي،1993:31-32) .

وتحدث الفكر الإسلامي عن النفس . فهناك النفس الأمارة بالسوء واللوامة والمطمئنة ، والظالمة ، والزكية والمجاهدة . وبمرور الزمن وتطور المعرفة والفكر ، تغيرت النظرة للنفس . ففي عـام 1890 اعتـبر " وليم جيمس " النفس بأنها الحياة العقلية للإنسان بظواهرها وشروطها ، واعتبر الرغبات والمعارف والتعقل

والقرارات الخ ... من أمثلة ظواهر الحياة العقلية . ووصف " ولهلم فونت " النفس بأنها الخبرة الداخلية للفرد المكونة من الأحاسيس والمشاعر والأفكار والإرادة وفي عام 1910 وصف " جيمس انجل " النفس بأنها الحالات الشعورية . ونظر " واطسون " 1919 الى علم النفس كمرادف للسلوك الإنساني . وفي عام 1951 أضاف " نورمان " من السلوك الداخلي لتصبح النفس تشمل السلوكين الخارجي الملاحظ والداخلي المتمثل في العمليات العقلية والفسيولوجية والتي نستدل عليها من آثارها ، والى مثل ذهب كل من " كلارك وميلر " عام 1970 . (الريماوي ، 1993:32-33) .

تعريف علم النفس :-

لقد عرف علم النفس بعدة تعريفات . ومن بين هذه التعريفات :-

1) يعرف علم النفس بأنه العلم الذي يدرس السلوك الإنساني والعمليات العقلية والانفعالية والشعورية والأنشطة الجسمية ذات العلاقة . أو هو التحليل العلمي للعمليات والأبنية العقلية الإنسانية لفهم السلوك الإنساني. (الريماوي،1993:33) .

2) وعرفه " جاريت " بأنه العلم الذي يدرس السلوك الإنساني ، كما تكشف عنه كلمة علم النفس . وللسلوك الإنساني مظاهر جسمية وأخرى عقلية ، وأن التمييز بين النشاطين غير مقبول .

3) وعرفه " مراد " بأنه العلم الذي يدرس الإنسان من حيث هو كائن حي يرغب ويحس ويدرك وينفعل ويتذكر ويتعلم ويتخيل ويفكر ويعبر ويريد ويفعل . وهو في كل ذلك يتأثر بالمجتمع الذي يعيش فيه ويستعين به ولكنه قادر على أن يتخذه مادة لتفكيره وأن يؤثر فيه . وعرفه " نجاتي " بأنه الدراسة العلمية لسلوك الإنسان ولتوافقه مع البيئة.

4) وعرفه " موسى " بأنه العلم الذي يدرس السلوك بمعناه العام الواسع باعتباره نتاج تفاعل الإنسان مع البيئة كما يدرس عملية التوافق التي تتم بين الفرد والمجتمع ومدى هذا التوافق واستمراره . (موسى ،18994: 37-38) .

5) وعرف علم النفس بأنه الدراسة العلمية لسلوك الكائنات الحية بما في ذلك الإنسان ، بهدف التوصل الى فهم هذا السلوك أو تفسيره ، أي التوصل الى المبادئ والقوانين العلمية التي تفسره والى التنبؤ به والتحكم فيه ، أي حسن التخطيط لتوجيهه . (السيد وآخرون ، 1990 : 18) .

6) وعرفه " راجح " بأنه العلم الذي يدرس سلوك الإنسان ، أي يصف هذا السلوك ويحاول تفسيره . (راجح ، 1977 : 20) .

7) وعرف " توق وعدس " علم النفس بأنه العلم الـذي يـدرس السـلوك الظاهر دراسـة نظاميـة ويحـاول تفسير علاقته بالعمليات غير المرئية التي تحدث داخل العضوية سواء العقلية منها أو الجسدية من جهـة ، وعلاقته بالحوادث الخارجية في البيئة من جهة ثانية. (توق وعدس ، 1993 : 3) .

8) ويورد " الشيباني " عدة تعريفات لعلم النفس . فقد عرفه " ديكارت " بأنه العلم الذي يبحث في الحياة الشعورية . وانه العلم الذي يدرس العقل أو النشاط العقلي . أو هو العلم الـذي يدرس السلوك . أو هـو العلم الذي يدرس السلوك بجميع أنواعه الظاهرية والداخلية . أو هو العلم الـذي يـدرس أوجـه نشـاط الإنسان وهو يتفاعل مع بيئته ويتكيف معها . أو هو العلم الذي يدرس السلوك بطريقة علمية . وعرفه " أبـو العـلا أحمـد " بأنـه العلم الـذي يبحث دوافـع السـلوك ومظاهر الحياة العقليـة الشعورية منهـا واللاشعورية ، دراسة إيجابية موضوعية تساعد على إفسـاح المجـال للقـوى والمواهب النفسـية ، كي تنمـو وتستغل فيما يساعد عـلى حسـن التكيـف مـع البيئـة ، ومـا يـؤدى الى تحسـين الصحة النفسية للأفراد والجماعات . وأما " الشيباني " فقد عرفه بأنه العلم الذي يدرس السلوك بشتى أنواعه وضروبه الظاهريـة والداخلية ويدرس الدوافع الشعورية واللاشعورية لهذا السلوك والعوامـل الذاتيـة والبيئيـة المؤثرة فيـه بطريقة علمية مناسبة . (الشيباني ، 1996 : 18 - 24) .

9) وعرفه " أحمد عبد الخالق " بأنه العلم الذي يتخصص في دراسة النفس البشرية بهدف فهمهـا ومعرفـة ما يعتمل بداخلها من قوى وتفاعلات . وما تتكون منه من

جوانب وجزيئات ، وما تشتمل عليه من طاقات ورغبات ودوافع وآمال وانفعالات وتطلعات ، وما تحتويه بباطنها من أسرار وذكريات تكاد تخفي حتى على صاحبها أو تظهر للعيان. أو هو العلم الذي يدرس سلوك الكائنات العضوية . (عبدالخالق،1993:13).

10) وعرفه " العيسوي " بأنه العلم الذي يدرس السلوك الإنساني دراسة علمية ، أي مستخدماً الأدوات والمفاهيم والمقاييس والمناهج والطرق التي يستخدمه العلم . (العيسوي ، 1987:10) .

خصائص علم النفس في ضوء التعريفات السابقة :-

1) يدرس علم النفس السلوك الظاهري وغير الظاهري للإنسان .

2) يدرس علم النفس السلوك الإنساني دراسة كلية ، أي يدرس تلك المواضيع التي توضح لنا أن الإنسان يستجيب بكل مقومات شخصيته العقلية والاجتماعية والنفسية والجسمية الخ ... لمثيرات البيئة الخارجية ، وتوضح لنا أيضاً أن شخصية الإنسان ككل تستجيب لمثيرات داخلية يدركها الإنسان وحده عندما تخطر بباله مثلاً خبرة سارة أو مؤلمة الخ ...

4) يجمع علم النفس بين خصائص العلوم الطبيعية وبين خصائص العلوم الاجتماعية .

5) إن العلاقة بين الروح والجسم وثيقة وعضوية ومتبادلة . فالعمليات العقلية والنفسية كالإدراك والانتباه والإحساس والعواطف والانفعالات والميول والاتجاهات الخ ... شروط أساسية لتحريك الأعضاء الجسمية وتوجيه أعمالها ، كما أن الأعضاء الجسمية شرط أساسي لتنفيذ متطلبات العمليات العقلية والنفسية كالعواطف والانفعالات ونحوها الخ ...

6) إن سلوك الكائن الحي يتحدد بعوامل داخلية وخارجية .

7) يدرس علم النفس وسائل توافق الفرد مع بيئته الطبيعية والاجتماعية .

8) يستخدم علم النفس المنهج العلمي للوصول الى تلك المعارف والحقائق التي تفسر سلوك الكائن الحي وتتنبأ به وتضبطه وتمكننا من فهمه .

9) يدرس علم النفس تفاعل الكائن الحي مع نفسه ومع بيئته الخارجية في إطار كافة مكوناته الشخصية الجسمية والعقلية والنفسية والبيولوجية والاجتماعية .

10) علم النفس علم موضوعي ، لنه يدرس سلوك الكائن الحي كما هو كائن ولا يتأثر بالميول والأهواء الشخصية للباحث النفسي .

11) يستهدف علم النفس مساعدة الفرد على تحقيق توافقه النفسي ـ والاجتماعي مع نفسه ومع بيئته بغية مساعدته على تحقيق سعادته وفق ما يمتلكه من مقومات شخصية .

12) مساعدة الفرد على تحقيق الصحة النفسية التي لا تقل أهمية عن الصحة البدنية.

13) يدرس علم النفس الدوافع الداخلية والخارجية المحركة لسلوك الكائن الحي ، كما يدرس العوامل الخاصة بالفرد والخاصة بالبيئة الفيزيقية والاجتماعية المؤثرة في سلوكه .

14) يستخدم علم النفس مناهج البحث العلمي المختلفة والمناسبة لموضوع السلوك النفسي أو الاجتماعي المدروس .

15) يدرس علم النفس البشرية دراسة كلية بغية الوقوف على العوامل الداخلية والخارجية الكامنة وراء توجيه سلوكها ، واستخدام الأساليب العلمية كالتحليل النفسي التي تمكننا من فهم الخبرات والمواقف التي يجهلها الفرد نفسه رغم مسئوليتها عن توجيه سلوكه ، ومعرفة تلك الحيل الدفاعية التي يستخدمها الفرد كي يبرر بها سلوكه الشاذ ، أو يحافظ بها على مكانته الاجتماعية .

موضوع علم النفس :-

كان علم النفس فرعاً من فروع الفلسفة ثم انفصل عنها ، وتحرر من مناهجها ، فأصبح له موضوعه الخاص ومنهجه العلمي وطرقه الخاصة في

البحث. ولقد تعددت مواضيع علم النفس عبر حقب التاريخ المختلفة وذلك لكثرة المراحل التي مـر بهـا ، ولتعدد الباحثين فيه وتباين مدارسهم . لذلك ليس من السهل تحديد موضوع علـم النفس. حظـي علـم النفس منذ استقلاله عن الفلسفة باهتمام الكثير من الباحثين ، وهو يلقى اليوم اهتماماً بالغـا ، وتتسـع مجالات الدراسة فيه كما وكيفا ، لا بل وقد أصبحت له صلة كبيرة بغـيره مـن العلـوم الاجتماعيـة وبعض فروع علم الأحياء التي تقاسم مواضيعها ، موضوع علم النفس ، فنجد اليوم فروعاً لعلم النفس مثل : علم النفس الاجتماعي ، علم النفس الفيزيولوجي ، علم النفس الجنائي ، علـم الـنفس البيئي الـخ ... وتلخص عبارة " وود ورث " الشهيرة التالية المراحل المختلفة التي مر بها موضوع علم النفس : " ان علم النفس قد زهقت نفسه ، وتلاشى عقله، وأمحي شعوره ، ولم يبق إلا مظهره الخارجي الذي يبدو في السلوك .

استهدف علم النفس عند الفلاسفة القدماء البحث في ماهية النفس أو في طبيعة العقل ، فاعتبر بعضهم مثل " دلتى " ان علوم الإنسان وأولها علم النفس ، هي علوم العقل . واعتبر " ديكارت " فيلسوف القرن السابع عشر أن الإنسان يمتاز عن الحيوانات بالعقـل ، وأن وظيفـة العقـل هـى التفكير والشعور ، فاعتبر البعض أن علم النفس هو علم الشعور . ثم ظهرت مدرسة " فرويد " التي تفسر ـ السـلوك الإنسـاني من خلال تفسير اللاشعور ، وبأن التأمل الباطني هو الطريق لدراسة الإنسان . وتقول بأن علم الـنفس هـو السلوك ، منطلقة من أن سلوك الكائن الحي تحركه مثيرات فيزيقيـة . أي أن سـلوك الكـائن الحـي هـو استجابة لتلك المثيرات الفيزيقية ، وأن علم النفس هو الذي يدرس هذه الاستجابات الظاهرة .

وقد سبق السلوكيين علماء يعتبرون أن موضوع علم النفس هو السلوك .

فهذا " كاتل " يقول بأنه غير مقتنع بضرورة حصر علم النفس في دراسة الشعور في حد ذاته وبأنه لا يوجد تضارب بين التحليل الاستنباطي والتجريب

الموضوعي، ويقول : أن القول بأن علم النفس غير ممكن الوجود بدون استبطان قولا تكذبه الحقائق . وعرف " ماكدوجل " علم النفس بأنه العلم الوضعي لدراسة سلوك الكائنات الحية . وهكذا يتضح لنا أننا لا نستطيع أن نحصر موضوع علم النفس في دراسة الشعور أو اللاشعور فقط دون النظر الى السلوك ، أو أننا نقصر دراستنا على السلوك أو النشاط الكلي الذي يصدر عن الإنسان كل والذي تحركه دوافع بيولوجية ونفسية واجتماعية .

تركز مباحث علم النفس أذن اليوم على الإجابة عن عدة تساؤلات مثل : ما هو التفكير ؟ وما هو الذكاء ؟ ما هو الإدراك ؟ ما هو الإبداع ؟ ما هو التعلم؟ كيف نتعلم؟ كيف نتذكر وكيف ننسىـ ؟ كيف نفكر ؟ كيف نسمع ؟ لماذا ننسى ؟ لماذا ننفعل؟ لماذا نحب ونكره ؟ الى غير ذلك من المواضيع التي يهتم علم النفس بدراستها . وقد يحاول علم النفس الإجابة عن أسئلة مثل : لماذا زيد أسرع تعلماً من عمر ؟ لماذا بعض الطلاب في الامتحانات ؟ لماذا يسرق بعض الأفراد ؟ لماذا يتخلف بعض الطلاب دراسياً عن غيرهم ؟

يسعى علم النفس إذاً إلى الإجابة عن ثلاثة أسئلة هي :-

- ما هي السلوكيات التي تصدر عن الفرد ؟

- كيف يحدث سلوك الكائن العضوي ؟

- لماذا يحدث سلوك الكائن العضوي ؟

وهكذا يتضح أن علم النفس لا يشغل نفسه بماهية النفس أو نشأتها أو مصيرها. لأن ذلك من اختصاص الفلسفة . فعلم النفس لا يبحث في النفس وإنما يبحث في السلوك . لقد لصقت به تسميته بـ " علم النفس " من الماضي وحتى اليوم رغم أن هذه التسمية لا تمت إطلاقاً بصلة لموضوعه . لقد اهتم علم النفس قديماً بمحاولة فهم العقل الإنساني وتحليله وتربيه . أما علم النفس اليوم فانه يهتم بالكشف عن المبادئ والقوانين التي تفسر سلوك الإنسان في مختلف أحواله

وأطواره ، كما يستهدف تحسين العلاقات الاجتماعية بين الأفراد ، وزيادة عطاء الإنسان والمحافظة على الصحة النفسية للفرد والجماعة ، وحل المشكلات المختلفة في ميدان التربية والتعليم . ونظرا لاختلاف اسم علم النفس عن المواضيع التي يدرسها ، يقترح بعض العلماء بان يستبدل اسمه باسم آخر ألا وهو علم السلوك أو علم الطبيعة البشرية .

وأذا كان علم النفس يدرس سلوك الإنسان في إطاره الكلي فما هي طبيعة السلوك الإنساني ؟ وما هي مميزاته وأهدافه ؟ هذا ما سنحاول الإجابة عنه في المناقشات التالية:

يتفاعل الإنسان مع بيئته لإشباع حاجاته المادية والمعنوية المختلفة ولتحقيق أهدافه التي حددها لنفسه . بيد ان الإنسان يواجه بالكثير من الصعوبات التي قد تعرقل تحقيق بعض أهدافه . لذلك نجده يحاول جاهداً التوفيق بين حاجاته وظروف بيئته ، أو يعدل سلوكه لكي يتوافق مع ظروفه الشخصية وظروف بيئته .

والإنسان هو الكائن الوحيد الذي يستخدم ذكاءه ولغته وسبل تفكيره ، وتطبيق ما تعلمه من معارف ، وما مر به من خبرات في حل المشكلات التي تجابهه . والإنسان يسعى لتحقيق أهدافه النفسية والاجتماعية في ظل القيم والمعايير السائدة في مجتمعه .

وفي أحيان أخرى نجده يغير من ظروف بيئته الفيزيقية والاجتماعية بشكل يمكنه من بلوغ أهدافه وتحقيق توافقه . النضال بين الإنسان وبين بيئته أزلي ومستمر ومتبادل . فالبيئة ترغم الإنسان على التوافق معها بشكل معين ، والإنسان يعدل بيئته لكي تتوافق معه بشكل معين أيضاً . لذلك كانت دائماً العلاقة بين الإنسان وبيئته علاقة أخذ وعطاء ، وفعل وانفعال ، وتأثير متبادل ، ونضال مستمر.

وعندما يتفاعل الإنسان مع مثير ما في بيئته النفسية أو الاجتماعية ، فأنه يتفاعل معه بفكره ومشاعره وجسمه . وأذ يستجيب الإنسان لمثير ما ، فأنه قد يستهدف إشباع دافع فطرى ، مثل إشباع دافع الجوع أو الأمن أو العطش أو الجنس ، أو

حفظ النوع ، أو تكوين أسرة ، أو شغل منصب اجتماعي مرموق ، أو الانخراط في عضوية جماعة ما الخ ... وهذا يتضح أن الأوجه المختلفة من النشاط العقلي والانفعالي والجسمي والحركي التي يزاولها الإنسان أثناء تفاعله مع بيئته والتي تعكس تأثيره أو توافقه ... الخ. هي موضوع علم النفس .

معنى السلوك :-

يقصد بالسلوك مجموع أفعال الكائن العضوي الداخلية والخارجية ، والتفاعل بين الكائن العضوي وبين بيئته المادية والاجتماعية . وهو مختلف النشطة التي يمارسها الإنسان والحيوان . ويتكون السلوك من مختلف العمليات الفيزيولوجية وبخاصة المرتبطة بالجهازين العصبي والغدى . وسلوك الإنسان على تحقيق أهدافه في الحياة . ويهتم علم الفزيولوجيا بدارسة دور ل عضو وتركيبه . أما هروب الإنسان من خطر ما ، فهو يمثل نشاطه العضوي ككل ، أنه سلوكه .

يهتم علم النفس المعاصر بدراسة السلوك الملاحظ وغير الملاحظ . ومن أمثلة السلوك الملاحظ : زيادة إفراز العرق ، وبلل السرير ، والأفعال القهرية مثل لمس أعمدة الكهرباء أثناء السير ، والعجز الجنسي ، والعنف والعدوان ، والانتحار والحركة والكلام والمشي۔ والضحك الخ ... ويلاحظ ان هذه السلوكيات وغيرها قابلة للملاحظة والتسجيل والقياس وأنها استجابات لمثيرات معينة قد تكون داخلية أم خارجية .

كما يدرس علم النفس الظواهر التي تلاحظ بطريق غير مباشر ، أي التي لا يمكن رصدها من الخارج مثل ألم الأسنان والصداع والهموم والجوع والاكتئاب والقلق والخوف والحزن ، وعمليات التفكير والتذكر والتخيل الخ ... وتعبر هذه الاستجابات عن مثيرات داخلية يعيها الفرد نفسه ، ولا يدركها الآخرين المحيطين به . والفرد هو الوحيد الذي قد يخبرنا بها . قد يكون السلوك كلياً وقد يكون جزئياً.

والسلوك الكلي هو وحدة كبيرة من السلوك لا تتساوى مع مجموع أجزائها . وهو سلوك غالباً ما يفسر ـ بمصطلحات نفسية . ويهتم علم النفس بدراسة السلوك الكلي .

والسلوك الكلي هو الذي يصدر عن الإنسان بأسره من حيث هو وحدة وكل ، أثناء تفاعله مع بيئته " فالإنسان حين يكتب مثلاً لا يكتب بيده فقط بل يصاحب ذلك أنواعاً من النشاط العقلي كالانتباه والإدراك والنشاط الوجداني كالشعور بالارتياح أو الحزن . وعندما يفكر الإنسان في موضوع ما ، فأن هذا النشاط العقلي يصحبه في الوقت نفسه تغيرات جسمية وحالات وجدانية مختلفة ، وعندما يشعر بانفعال القلق أو الخوف أو الحزن أو الغضب يصاحب ذلك تغيرات جسمية واضطرابات فيزيولوجية وتقلبات عقلية . وفي هذه الأمثلة الثلاثة يصدر السلوك عن الإنسان من حيث هو كل وبوصفه وحدة جسمية نفسية (عبد الخالق، 1993:15-16) .

وهناك السلوك الجزئي الذي يوصف في ضوء وحدات صغرى ، وهو موضوع علم الفزيولوجيا ، مثل وصف السلوك على مستوى النشطة العصبية العضلية أو الغددية . ومن أمثلة السلوك الجزئي توتر العضلات وإفرازات المعدة وانقباضاتها ، وتكيف إنسان العين الخ ... وعن طريق قياس السلوك الجزئي يمكننا الاستدلال على مؤشرات التغير في السلوك ، كأن نقيس التغيرات الانفعالية عن طريق أجهزة قياس التنفس والنبض وموجات المخ ورسم القلب وما الى ذلك .

ويعتبر الإنسان وحدة جسمية - نفسية . فقد تبين انه لا يوجد نشاط جسمي خالص أو نفسي ـ خالص . أي ان الإنسان لا يستجيب لبيئته بجسمه فقط ، وإنما يستجيب بجسمه وعقله . فسلوك الإنسان نشاط كلي . وفي هذا يقول " ارسطو " ليس الذي ينفعل هو النفس أو الجسم بل الإنسان . والإنسان هو الذي يقرأ ويكتب ويحب ويكره ، وينجح ويخفق ويسعد ويشقى ، فالإنسان وحدة جسمية - نفسية متكاملة لا تتجزأ ، أن تأثر جانب منها واضطراب ، تأثرت له الوحدة كلها واضطرابات (راجح، 1977:25- 26).

ويستهدف سلوك الكائن الحي تحقيق دافع أو غاية معينـة . ولـذلك فـوراء كـل سـلوك دافـع ، فالطفل يسلك الكذب لرغبته في تفادى العقاب . والجماد قد يتحرك ولكنه يتوقف عند اصطدامه بحاجز ، وذلك لافتقاده دافع الحركة . لكن يستمر الكائن الحي في حركته حتى ولو جابهته عقبات ، لنه ثمة دوافـع داخلية تدفعه لكي يسلك سلوكاً معيناً . لا يتوقف سلوك الكائن الحي أذن حتى يحقق غايته ، وهو يخضع لتأثير الدوافع الداخلية والخارجية . وغاية السلوك الإنساني قد تكـون واضـحة وشـعورية وقـد تكـون غـير واضحة ، وكل سلوك أنساني يستهدف تحقيق غاية معينة . وبدون فهمنا للغاية التي ينشدها الكائن الحي ، لا يمكننا فهم سلوكه وتفسيره . فالغاية هي التي تحدد السلوك وتوجهه وتفسـيره . فـالطير لا يهـرب مـن القط بمجرد رؤيته فحسب ، ولكنه يلتمس الأمـان أيضـاً . وهـدف اسـتجابة الفـرد لمثـير مـا ، هـو تحقيـق التوافق البيولوجي أو النفسي أو الاجتماعي . ولا يستجيب كل الأفراد لمثير ما بنفس الاسـتجابة . لـذلك قـد يتأثر فرد ما بمثير خارجي ، ولا يتأثر فرد آخر بنفس المثير . فالحديقة المزروعة بـالزهور تمثـل بيئـة جـدباء لكلب جائع ، لكنها تمثل بيئة مشبعة ومريحة لشخص عاشق . والطفل لا تجذبه المكتبة العامرة بالكتـب ، ولكن تجذبه برامج المذياع والتلفزيون . وقاطن الريف وتزعجه حركة السير ، وقـاطن المدينـة يعتـبر ذلـك أمراً عادياً ومتوقعاً . والمعروضات المغرية في المدينة لا تجذب الشخص ألا إذا لقيت قبولاً وهوى من داخل الشخص نفسه .

ويتفاعل الفرد مع المنبه أو المثير وفق إدراكـه لـه . وتتـأثر اسـتجابة الفـرد للمثـير بنـوع جنسـه وعمره وثقافته وخبراته وقدراته وميوله ووجهة نظره أو شخصيته كلها . والمحيط الاجتماعي الـذي يحـيط بالفرد قد يمثل مجالات نفسية مختلفة لأفـراد مختلفـين . فاللوحـة الجميلـة قـد تنـال إعجـاب شخصـاً مـا ويقدرها وقد يدفع لشرائها ثمناً مغرياً . لكن لا تمثل نفس هذه اللوحة أي شيء بالنسبة لفرد آخر لا يقـدر الفن ولا يهتم به فنحن نتفاعل مع المثيرات وفق تقديرنا لها ووفق تأثيرها في مجالنا النفسي . وقد يحتـوى المحيط أشياء لا يحتويها المجال ، فالطعام لا يثير

شهية الشبعان ، والأم النائمة لا يوقظها صرير الرياح ، ولكن توقظها أبسط حركات رضيعها . ومبتور الـذراع يشعر بالألم ويتصور مرارته وعذابه رغم شفاء جروحه . وهكذا يتضح أن استجاباتنا تتأثر بكيفية إدراكنا لمحيطنا الفيزيقي والاجتماعي ، وليس ما يحتويه المحيط في حد ذاته . ولذلك يرى من عضه كلب يوماً مـا أن كل الكلاب خطرة ، وحتى وان كان اللب الذي في مجاله الحسي الآن أليفاً ووديعاً .

معنى المنبه :-

يقصد بالمنبه كل عامل خارجي أو داخلي يثير نشاط الكائن الحي أو نشاط عضـو مـن أعضـائه ، أو يغير هذا النشاط أو يكفه ويعطله . وقد تكون المنبهـات فيزيقيـة مثل تغيـر درجـة الحـرارة والـروائح المختلفة . وقد تكون منبهات اجتماعية مثل مقابلة صديق أو صرخة استغاثة . وقد تكون منبهات داخليـة فيزيولوجيـة مثل انخفـاض مسـتوى السكر في الـدم . وقد تكون منبهـات نفسـية كالأفكـار والـذكريات والتصورات الذهنية والمعتقدات . فالتفكير في الطعام يثير الجوع ، وتصور الخطـر يـدفعنا الى العمـل عـلى تجنبه .

معنى الاستجابة :-

هي كل نشاط أو فعل يصدر عن الكائن العضوي ويرد به على المنبـه الـذي مـارس فعلـه عليـه وأثر فيه . أو هي ناتج نشاط الكائن العضوي كعدد الكلمات التى يكتبهـا عـلى الآلـة الكاتبـة في الدقيقـة وعدد النقلات التي يقوم بها في اختبار المهارة اليدوية لمـدة 15 ثانيـة . أو هـي نـوع التغـير الـذي يمكن ملاحظته على السلوك كتحسن الأداء على جهاز الرسم بالمرآة بعد التدريب (عبد الخالق ،1993: 18).

والاستجابة هي الطريقة التي نستجيب بها لمثير ما . وتتنوع الاستجابة بتنوع المثير المسئول عـلي حدوثها . فلكل مثير معين في تقديرنا استجابة معينة .

والاستجابة قد تكون حركية مثل تحريك الذراع لرد التحية . وقد تكون لفظية مثل الإجابة عن سؤال يوجه أليك ، وقد تكون فيزيولوجية مثل ارتفاع ضغط الدم أو

تقلص عضلات المعدة ، وقد تكون انفعالية كالغضب عند سماع كلمة معينة أو عند الحزن عن شئ ، وقد تكون معرفية مثل السعي الى كسب المعرفة عن طريق النظر والسمع والتفكير والتذكر ، وقد تكون بالكف عن ممارسة نشاط ما ، كالتوقف عن السير أو الأكل (راجح ، 1977 : 21) .

أهداف علم النفس :-

لعلم النفس عدة اهداف ومن بين هذه الأهداف :-

1) الوصف :- يستهدف علم النفس إعطاء تقرير عن الظواهر القابلة للقياس والملاحظة ومعرفة العلاقات التي تربطها ببعضها البعض . ويستخدم الباحثون وسائل جمع البيانات الاختبارات والمقابلات الشخصية والاستخبارات والملاحظة لرصد السلوك الإنساني بدقة . وثمة نماذج سلوكية يمكن للباحث النفسي- رصدها وتدوين ملاحظات بصددها مثل ملاحظة السلوك العدواني لدى المراهقين وملاحظة سلوك الأخبار السارة كالنجاح ، ومظاهر الاكتئاب والقلق والخوف وما الى ذلك . ويستند الوصف الى التصنيف . لذلك نجد الباحث النفسي يقسم السلوك الى جوانب متشابهة ويضع لها أسماء . فيقول أن هذا سلوكا عصابيا أو ذهانيا ، وذلك سلوكا سويا . ويعتبر السلوك عصابياً متى ما تجاوز في تكرار حدوثه المعدل الطبيعي . فالأرق المتكرر والصداع العنيف ومشاعر القلق والخوف والضعف العصبي الشديدة ، مثلاً تصنف على أنها سلوكيات عصابية غير سوية أو مؤشراً على ذلك .

كما يصنف الناس الى أنماط . فتقول أن هذا الفرد ينتمي الى النمط البدين وذلك ينتمي الى النمط المزاجي أو العضلي الخ ... كما يصنف الأفراد وفق الأبعاد الأساسية لشخصياتهم . لذلك نحن نقول بالبعد الأنبساطي - العصابي ، وبعد السيطرة - الخضوع ، وبعد المرح - الاكتئاب الخ ... ويستهدف تصنيف الناس حسب أبعاد شخصياتهم معرفة درجة الفرد على مقياس السيطرة - الخضوع مثلاً على اعتبار أن الفرد لابد وأن يكون له موقع على متصل هذا البعد . فيكون مثلاً

مسيطراً أو خاضعاً بدرجة أو يجمع بين السيطرة والخضوع . ووفق نظرية الأبعاد لا يملك الفرد السمة أو لا يملكها . وهو ما يعنى أن الناس يختلفون في امتلاك السمة اختلافاً كميا وليس اختلافاً كيفياً . وهكذا يتضح أن غاية علم النفس في النهاية - كأي علم آخر - هو الاهتمام بالعموميات والاختصار وتصنيف الأشياء وفق تشابهها في لون معين .

2) **التفسير :-** يستهدف علم النفس تفسير الظواهر النفسية ومعرفة العوامل الكامنة وراء ظهورها والمبادئ والحقائق التي تحكم حدوثها ، وذلك بهدف فهم السلوك الإنساني فهما جيداً ومن ثم التنبؤ به . وتفسير السلوك تفسيراً موضوعياً ومعرفة أسبابه يساعدنا على فهم أنفسنا وفهم الآخرين . وغاية علم النفس - كأي علم آخر - هي وضع الفروض المفسرة لمشكلة نفسية ما ، ثم جمع المعلومات بصددها لمعرفة مدى صحة فروضنا من عدمها . وقد يبدأ الباحث النفسي عند دراسة موضوع نفسي ما بإثارة أسئلة يحاول ان يجيب عنها ، مثل : لماذا يرتفع معدل القلق لدى الأفراد هذه الأيام ؟ لماذا الإناث أكثر خوفاً واكتئاباً من الذكور ؟ لماذا الإناث أكثر خجلاً في مرحلة الرشد من مرحلة الطفولة ؟ لماذا يكتئب الناس اليوم أكثر من الأمس ؟ الى غير ذلك من الأسئلة . بالطبع أن الإجابة عن مثل هذه الأسئلة تتطلب من الباحث النفسي الإجابة عنها من خلال جمع المعارف المدونة في المصادر المختصة بها ، أو من خلال جمع بيانات عنها عن طريق الملاحظة ، أو من خلال توجيه أسئلة مفتوحة لأصحاب المشكلة ، بغية جمع بيانات حية وحديثة عنها ، ثم صياغة فروض تفسرها وتفسر أسباب حدوثها أو إثارة أسئلة بصددها مثل : هل هناك علاقة بين انتشار الاكتئاب وبين كثرة انطواء الفرد وانعزاله ؟ وقد يبني الباحث مقياساً عن موضوع بحثه من خلال المعارف التي تحصل عليها بصدد مشكلة بحثه من خلال ملاحظته أو من خلال تبويب البيانات التي تحصل عليها عن طريق دراسته الاستطلاعية بغية إخضاع تساؤلات بحثه للاختبار الأمبيريقي .

3) التنبؤ :- يقودنا التفسير الصحيح لمشكلة ما الى التنبؤ بحدوثها في حالة توفر الظروف التي تساعد أصلاً على تكونها . والافتراض الدقيق والموضوعي لتفسير مشكلة ما ، والمنهج العلمي المناسب - لدراسة موضوع المشكلة - من المتطلبات الأساسية التى تساعدنا على التنبؤ بحدوث هذه المشكلة أو الظاهرة مستقبلاً . لذلك استطاع الباحثون النفسانيون أن يتنبؤ بالآتي مثلاً : لا يصلح من يتسم بسمة الانفعال الشديد أن يكون قائداً للجماعة . وأن انعزال الطفل في صغره لابد وأن يخلق منه أنساناً مكتئباً في الكبر . ولا شك أن التنبؤ بالسلوك لابد وأن يكون مبنيا على ما زودتنا به أدوات القياس من نتائج . ويصبح التنبؤ أمراً علمياً صحيحاً وممكناً عندما نتمكن من معرفة العوامل الأساسية والظروف المناسبة التي أدت الى حدوث سلوك ما .

لكن تقل درجة تنبؤنا بالسلوك بدقة عندما تتعدد العوامل الكامنة وراء حدوثه . وللتنبؤ قيمة اقتصادية كبيرة . فهو يوفر الوقت والجهد والمال على الباحثين . فالتنبؤ السليم يمكننا من التعميم الصحيح على الحالات المشابهة لحدوث السلوك أو توقع حدوثه . ولذلك ترتفع قيمة البحث النفسي ـ عندما يمكننا من التنبؤ الصحيح بسلوك ما . وعلى هذا الأساس ينظر اليوم الى أن من مميزات النظرية الجيدة هو قدرتها على تفسير السلوك والتنبؤ بحدوثه .

4) الضبط :- لاشك أن هناك عوامل مسئولة عن حدوث سلوك ما . وبهذا فإن من أهداف علم النفس هو التعرف على تلك العوامل المسئولة عن حدوث ذلك السلوك . ويسمى العامل الذي يؤدي الى حدوث سلوك ما أو مشكلة ما بالمتغير المستقل أو بالسبب . ويسمى السلوك الحادث أو المشكلة الحادثة بالمتغير التابع أو النتيجة . وقد تكثر المتغيرات المسئولة عن حدوث سلوك ما أو تقل . ولذلك فأن من بين غايات علم النفس هو ضبط المتغيرات التي تؤدي الى حدوث سلوك ما ، ومعرفة درجة أهميتها وتداخلها . ويبدأ الضبط بتحديد العوامل المسئولة عن سلوك ما ، تم اختبار قوة العلاقة بين المتغير المستقل (أ) مثلا والمتغير التابع (د) ، ثم اختبار قوة العلاقة بين المتغير المستقل (ب) والمتغير التابع (د) ، ثم

اختبار قوة العلاقة بين المتغير المستقل (ج) والمتغير التابع (د) وهكذا . يساعد مثل هذا الأجراء الباحث على تحديد العوامل المسئول عن حدوث المتغير التابع (د) مثلا بدقة وأهمها .

وقد يجمع الباحث بين أي متغيرين مستقلين بالتناوب لاختبار دورهما معاً في حدوث المتغير التابع . وتتم عملية ضبط المتغيرات المستقلة المسئولة عن حدوث متغير تابع ما عادة ، وبضبط العوامل والظروف التي تساعد على أو تؤدي الى حدوث المتغيرات التابعة . فإذا افترضنا : أن ضعف الملاحظة يدفع بعض الطلاب الى الغش في الامتحانات ، فأن ضبط المتغير المستقل " ضعف الملاحظة " يمكن التحقق منه برفع درجة الملاحظة الصارمة على الطلاب . فأي تلاشي الغش، كان افتراضنا صحيحاً ، وأن لم يختف الغش ، فذلك يعنى أن هناك متغيراً آخر مسئولاً عن حدوث الغش ، وعلينا افتراضه وضبطه في إطار متغيرات آخرى لمعرفة مدى دوره في حدوث السلوك المراد دراسته أو تفسيره . وثمة بعض المصادر التي تساعدنا على دقة التنبؤ والضبط . ومن بين هذه المصادر كما يذكرها (عبد الخالق ، 1993) :-

1) المنبهات البيئية التي قد تسبب السلوك .

2) الدوافع البيولوجية والاجتماعية للسلوك .

3) إدراك الفرد لبيئته .

4) التعلم وتغيير الفرد سلوكه كي يناسب مطالب البيئة الجديدة .

5) تذكر الحوادث السابقة ومدى تأثيره في إدراك الموقف .

6) طريقة الفرد في التفكير وحل المشكلات (عبد الخالق ،1993 : 26) .

الفصل الثالث

علم النفس : علاقته بالعلوم الأخرى ومدارسه

- تمهيــــد .

- فروع علم النفس .

- مدارس علم النفس .

علاقة علم النفس بغيره من العلوم :-

تمهيد :-

يدرس علم النفس السلوك الصادر عن الكائن الحي . بيد أن الاهتمام الرئيسي لعلم النفس هو دراسة السلوك البشري باعتباره أهم الكائنات الحية. ويعتبر الإنسان جسم وعقل وروح . ولذلك يستوجب تفسير السلوك الإنساني في ضوء هذه المحددات الثلاثة . يتحدد السلوك الإنساني إذا بعوامل داخلية وعوامل خارجية.

وبمعنى آخر : أن كل ما يصدر عن الإنسان من سلوك إنما تحدده عوامل سيكولوجية وبيولوجية واجتماعية . وعندما يتفاعل الإنسان مع مثير ما ، فأنه يتفاعل معه بكل مقومات شخصيته . فعندما يقلق الإنسان مثلاً يرتفع ضغطه ، وهذا جانب فيزيولوجي داخلي ، كما تصدر عنه انفعالات ومشاعر خاصة بالقلق ، وهذا جانبسيكولوجي شعوري ، كما يعبر الفرد عن قلقه بلغة معينة أو حركات جسمية معينة أو تعبيرات وجهية معينة ، وهذا جانب اجتماعي .

يتميز علم النفس بأنه العلم الوحيد الذي يقاسم العلوم الاجتماعية والعلوم البيولوجية اهتماماتها . فلعلم النفس اهتمامات بمواضيع علم التاريخ وعلم الاجتماع وعلم الأنتروبولوجيا وعلم الاقتصاد والقياس الاجتماعي وعلم اللغة ، وله اهتمامات بمواضيع علم الوارثة وعلم الأعصاب وعلم التشريح ، وعلم الكيمياء الحيوية ، وعلم الأدوية . ويربط علم النفس أذن بين مواضيع العلوم الاجتماعية والعلوم البيولوجية رغم تباين مواضيعها . لهذه الاعتبارات ينظر علماء النفس اليوم الى الإنسان على أنه كل ، لأنهم لم يتجاهلوا طبيعته البيولوجية ولم يتجاهلوا الوسط الاجتماعي الذي يحيا فيه.

كذلك تتضح قوة العلاقة بين علم النفس وبين كلا من علم الاجتماع وبعض فروع علم الأحياء في دراسة مهمة كسيكولوجية الشخصية ذلك لأن

للشخصية الإنسانية محددات بيولوجية وأخرى اجتماعية . تتعلق المحددات البيولوجية بالغدد الصماء والمخ والجهاز العصبي الذي يؤثر في كثير من استجابات الإنسان من حيث شدتها ونوعها ودوافعها . ونفس الشيء يقال عن أثر كل من علم الوراثة وعلم الأجنة . فقد تبين أن كثيراً من الاضطرابات لها أساس وراثي ، وأن حالة الأم أثناء الحمل تؤثر في الجنين كذلك يتأثر تكوين الشخصية الإنسانية بعدة محددات اجتماعية كالأسرة والمدرسة وجماعة الأصدقاء والمجتمع بما فيه من قيم ومعايير ونظم اجتماعية . وهكذا يتضح لنا " أن للشخصية الإنسانية أساسا اجتماعيا وبيولوجيا . ولذلك فأن دراسة هاتين المجموعتين من العلوم أمر مهم بالنسبة للمتخصصين في علم النفس ، إذ أنهما أقرب العلوم أليه وأهمها بالنسبة له، مع ملاحظة أن لعلم النفس مجالات متعددة (عبد الخالق ، 1993 : 29) .

فروع علم النفس :-

ونظراً لارتباط علم النفس ببعض العلوم الاجتماعية والبيولوجية ، فقد تكونت له فروع أخرى تدرس بعض جوانب علم النفس وجوانب تلك العلوم . ومن هذه الفروع :

1) علم النفس العام :-

وهو يتضمن دراسة كافة المبادئ الأساسية لكل ميادين علم النفس .

ويستهدف اكتشاف القوانين العامة التي تحكم سلوك الإنسان الراشد السوي ، تاركاً الجوانب الحالات الخاصة لبقية الفروع . فعندما يدرس الإدراك مثلاً ، فأنه لا يهتم بالجوانب المرضية فيه ، لأن هذا من اختصاص علم النفس المرضي . ويذهب بعض العلماء الى أن مواضيع علم النفس العام هي : الإحساس والإدراك ، والمشاعر والانفعالات ، والدافعية والتوافق والعمليات العقلية العليا كالتذكر والتفكير والتعلم (عبد الخالق ، 1993 : 30) .

2) علم النفس الفيزيولوجي :-

ويهتم المتخصصون فيه بدراسة الحواس المختلفة وأثر العمليات الحسية على السلوك ، ويدرسون الجوانب الفيزيولوجية مثل دوافع الإنسان وانفعالاته ، ويدرسون الدماغ لمعرفة مناطقه المتخصصة بالعمليات السيكولوجية المختلفة ، وتأثير الهرمونات على السلوك ، ويدرسون العلاقة بين تأثير المخدرات والكحول على سلوك الإنسان من خلال تأثيرها على مناطق الحس المختلفة . (عدس ، توق ، 1993 : 16) .

يرتبط النشاط العقلي للإنسان بتركيبته الجسمية . لذلك يلعب الجهاز العصبي وأعضاء الحواس والعضلات والغدد دوراً كبيراً في توجيه السلوك الإنساني وفي عملية توافقه البيولوجي والنفسي والاجتماعي . ويهتم أصحاب هذا التخصص بمعرفة مراكز المخ التي تتصل بالرؤية والسمع والشعور والتذكر والتفكير ، ومعرفة نوع العمليات التي تحدث في هذه المراكز عند حدوث العمليات العقلية . كما يستهدف معرفة الآليات الجسمية التي تدفع الفرد نحو مواصلة الجهد ، والتي تجعلنا نميل أو لا نميل الى أشياء وأيها مسئول عن الانفعالات . وهناك من يهتم بمعرفة عمل الغدد ومعرفة تأثيرها في شخصياتهم . وهكذا يتضح اهتمام المتخصصين في هذا المجال في معرفة العلاقة بين المتغيرات النفسية وبين المتغيرات العضوية الفيزيولوجية وسيكولوجية الجهاز العصبي، وفي البحث عن الآثار الفارماكولوجية للعقاقير ، وعلاقة ذلك بالتغيرات الحركية والحسية والعقلية والصلة بين المخ والسلوك ، ودور الغدد والهرمونات والتنبيه الكهربائي والكيميائي في تحديد سلوك الفرد ، ودراسة سلوك الفرد كما يتشكل من خلال البيئة الداخلية العضوية (عوض ، 1994 : 38) .

3) علم النفس الجنائي :-

وهو يدرس أسباب الجريمة والدوافع الكامنة وراءها سواء كانت دوافع نفسية أم اجتماعية ، ويدرس سبل مكافحة الجريمة والانحراف الاجتماعي وجنوح الأحداث . ويسهم هذا العلم في وضع السياسة العقابية التي تستهدف إصلاح الفرد

أولا بدلا من إنزال العقوبة به ، ونمط العلاقة السائدة بين المجرم ومجتمعه وما الى ذلك . وهو يهتم بالكشف عن الجريمة والتعرف على المجرم ودراسة أقوال الشهود عن طريق أجهزة واختبارات موضوعية مثل اختبارات كشف الكذب وقياس الانفعالات وتداعى المعاني والتحليل النفسيـ واختبارات الشخصية . ويمكن تلخيص اهتمامات علم النفس الجنائي في الآتي :-

كشف الجريمة وتحديد المجرم على أساس علمي أنساني يحقق العدالة ودراسة السلوك الإجرامي من حيث أسبابه ودوافعه الشعورية واللاشعورية مما يساعد على فهم شخصية المجرم ووضع العقاب والعلاج المناسب الذي يؤدي الى إصلاح المجرم وعدم عودته الى الجريمة ، ودراسة الظروف والعوامل الموضوعية التي تهيئ للجريمة وتساعد عليها ومن ثم تعديل هذه الظروف بما يساعد في إصلاح حالة المجرم ، والاهتمام بدراسة الأسس العلمية لمعالجة المجرم ومعاملته من وقت القبض عليه الى انتهاء مدة العقوبة وإصلاحه ، وتصنيف المجرمين طبقاً لأعمارهم وجرائمهم وحالاتهم النفسية والعقلية بقصد تحديد أنواع الرعاية والإصلاح المناسبة لكل منهم ، وتتبع المجرم بالدراسة والرعاية بعد انتهاء مدة العقوبة حتى لا يعود للجريمة مرة أخرى (الطويل ، وعلى ، 1991 : 11-) .

4) علم النفس الإكلينيكي :-

وينصب اهتمام العاملين فيه على مظاهر الاضطراب التي تصيب سلوك الفرد وشخصيته وطرق تشخيص هذه الاضطرابات وسبل علاجها . ويهتم العامل في هذا الميدان أيضاً بدراسة أمور مثل المرض العقلي وانحراف الأحداث والسلوك الإجرامي والإدمان على المخدرات والتخلف العقلي ، والصراعات العائلية والزوجية " ويهتم هذا الفرع أيضاً بدراسة الأمراض النفسية كالقلق النفسي وما يترتب عنها من مخاوف مرضية كالخوف دون مبرر من الأماكن المتسعة أو الأماكن المغلقة ، والهستريا وانفصام الشخصية . ويستعين هذا العلم بوسائل وأدوات علمية لكي يشخص المرض النفسي في عيادة خاصة أو في مكان

مشابه لها . ويرتكز هذا العلم على علم وفن استخدام المبادئ والمناهج والإجراءات السيكولوجية للنهوض بمصلحة الإنسان الفرد في سبيل تحقيق خير وجوه التوافق الاجتماعي والتعبير عن الذات (موسى ، 1994 : 73) .

5) علم النفس الاجتماعي :-

وهو يدرس العلاقات الاجتماعية بين الأفراد والعلاقة بين الفرد وبيئته الاجتماعية ، ويدرس الظواهر الاجتماعية والنفسية ، والاتجاهات والرأي العام والقيادة والزعامة والشخصية واللغة ، والظروف النفسية التي تحيط بنمو تكوين المجتمعات البشرية ، ويدرس الحياة العقلية كما يظهر أثرها في المؤسسات والمنظمات الاجتماعية، كما تظهر في دساتيرها ومبادئها الثقافية ، ويدرس المشكلات التي يشترك فيها الفرد والجماعة . ويهتم هذا الفرد أيضاً بدراسة تأثير الفرد في الحياة الاجتماعية في مجتمعه ، والعادات والتقاليد والنظم والتوقعات الاجتماعية . ومن مواضيعه أيضاً دراسة عملية التنشئة الاجتماعية والذكاء الاجتماعي والمسئولية الاجتماعية والتكامل الاجتماعي والتفاعل الاجتماعي وسلوك الفرد ودوافعه والإدراك الحسي والعوامل النفسية والاجتماعية المؤثرة فيه ، والعقائد وأساليب الدعاية والإعلان وتركيب الجماعات ووظائفها والحرب النفسية والروح المعنوية والإشاعة والتعصب ضد الأجناس أو الأقليات والعلاقات الدولية والتوتر النفسي والسلوك الاجتماعي للحيوان والثقافة ودورها في نمو الأفراد والسلوك الانفعالي والفروق بين أبناء الطبقات الاجتماعية وبين السلالات ، ويدرس أيضاً الجريمة والانحراف الاجتماعي وجنوح الأحداث والعوامل المؤدية أليها وما الى ذلك .

6) علم النفس العسكري :-

وهو يهتم بكيفية توزيع الجنود على الحرف المختلفة وعلى جميع الأسلحة الموجودة في الجيش . وهو يستخدم في ذلك الاختبارات النفسية المختلفة لقياس القدرات العقلية والصفات المزاجية للضباط والجنود وذلك لتوجيه كل منهم حسب

استعداده للسلاح المناسب له ، ولمعرفة حالات الشذوذ والضعف العقلي وقصور الإدراك وذلك لاستعباد من لا يصلح للأعمال العسكرية .

ويستهدف من كل ذلك كله وضع الجندي أو الضابط المناسب في مكانه المناسب بغية رفع قدرته وكفاءته العسكرية . ويهتم هذا الفرع أيضاً بوضع الاختبارات لمعرفة حالات المرض النفسي- وذلك للقضاء على الأمراض النفسية بعلاجها ، ورفع الروح المعنوية للجنود والضباط . ويهتم هذا الفرع أيضاً بدراسة وسائل رفع الروح المعنوية والتصدي لدعاية العدو وسيكولوجية القيادة والحرب النفسية ، وكيفية علاج المصابين بعصاب الحرب وتوجيه العائدين من ميدان القتال الى عمل يناسبهم في الحياة المدنية .

7) علم النفس الصناعي :-

وهو يبحث في تلك المواضيع التي تنظر الى العامل على أساس أنه إنسان قبل كل شئ وله شخصيته وظروفه الاجتماعية والاقتصادية وقدراته الخاصة وأنه يتأثر بالآخرين وبكل ما يحيط به ، حيث يتأثر بالآلات وبمعاملة رؤسائه في العمل وبعلاقاته بزملائه العمال وبأن من حقه أن يحيا عامره بالسعادة والأمان . كما يدرس هذا الفرع سبل توافق العامل مع عمله والعوامل التي تؤدى الى توافقه النفسي- والاجتماعي أو تعوقه .

وهو يبحث في تلك المواضيع التي تفيد في كيفية زيادة الإنتاج ، وتحقيق التوافق المهني للعمال ووضع العامل المناسب في العمل المناسب ، وتطويع العمل بما يناسب العامل ، ودراسة المشكلات النفسية والاجتماعية للعمال ، وسبل اختيار العامل المناسب للعمل المناسب ، وتبصير العمال بالمشكلات النفسية والاجتماعية التي قد تواجههم مستقبلاً ، وتبصرهم بأخطار العمل ، وتصميم الاختبارات التى تفيد في اكتشاف ميول واهتمامات الأفراد المهنية ، والتعرف على الأفراد الذين لديهم استعداد للوقوع في الحوادث وعلاجهم ودراسة اتجاهات وميول العمال ،

وأنماط العلاقات الاجتماعية السائدة بين العمال في المؤسسة الاجتماعية . كما يدرس هذا الفرد مشكلات تلوث البيئة وسبل حماية البيئة والمشكلات المترتبة عن الازدحام وسبل التعامل مع الآلة . وخلق الظروف النفسية اللازمة لرفع الإنتاج الصناعي ودراسة سبل التدعيم والحوافز المهنية اللازمة لزيادة كمية وجودة الإنتاج الصناعي .

8) علم النفس المقارن :-

ويستهدف هذا الفرع المقارنة بين السلوك الصادر عن الأنواع الحيوانية المختلفة بما فيها الإنسان . حيث يقارن بين سلوك الإنسان وبقية الكائنات ، وبين الإنسان الصغير والكبير والمتحضر والبدائي والسوي وغير السوي ، والمقارنة بين مجتمعين أو أكثر في جانب أو آخر من الجوانب الآتية : الذكاء ، الوظائف العقلية، أساليب التنشئة ، الصحة النفسية ، الشخصية (عبد الخالق ،1993 :32).

9) علم النفس النمو :-

وهو يدرس مراحل النمو الإنساني من حالة الجنين وحتى الشيخوخة ، ومارأً بمراحل الرضاعة والطفولة والمراهقة والرشد ، موضحاً الخصائص الجسمية والعقلية والانفعالية والاجتماعية والنفسية لكل مرحلة من هذه المراحل والعوامل المؤثرة فيها . ويهتم هذا الفرع بدراسة العوامل المؤثرة في النمو ودور البيئة والوراثة في نمو القدرات المختلفة والشخصية . وقد يهتم هذا الفرع بدراسة ظاهرة سلوكية معينة كالكلام مثلاً ، ليعرف الظاهرة لهذه الظاهرة مع النمو من يوم الى آخر . وقد يدرس خصائص النمو المختلفة في مرحلة عمريه معينة مثل دراسة النمو في مرحلة الطفولة أو المراهقة أو مرحلة الشيخوخة بهدف معرفة خصائص النمو المميزة لهذه المرحلة عن غيرها من المراحل الأخرى .

10) علم النفس التربوي :-

وهو يدرس نظريات التعلم والتعليم وطرق التعلم وشروطه ، والتوجيه التربوي وتوجيه التلاميذ الى مراحل التعليم المناسبة لهم ، ويهتم بمعالجة حالات التأخر

الدراسي وتدني التحصيل الدراسي ، ويقدم الاختبارات التحصيلية والعقلية والنفسية لقياس قدرات وميول واستعدادات وتحصيل المتعلمين . وهو يدرس أيضاً العوامل المؤدية لزيادة التحصيل الدراسي أو المؤدية لضعفه ، ويدرس دور الدوافع والتدعيم في زيادة الإقبال على التعلم الفعال وتطويره ، ودور انتقال اثر التدريب في رفع الكفاية التعليمية ، ورفع الكفاءة الإدارية للإدارة التعليمية والمدرسية ، وطرق تحسين أساليب التدريس ، ودراسة المشكلات التربوية والتعليمية التي تجابهها المؤسسة التعليمية كظاهرة الهروب من المدرسة والغش في الامتحانات والعنف المدرسي والإخلال بالنظام المدرسي والمشكلات الانفعالية الناجمة عن التأخر في القراءة والكتابة وبطء التعلم .

11) علم النفس القضائي :-

وهو يدرس العوامل النفسية التي تؤثر في جميع المشتركين في الدعوى الجنائية كالقاضي والمتهم والمحامي والمجني عليه والشهود والمبلغ ، والجمهور عامة والعوامل التي تؤثر في القاضي والحكم كالصحافة والإذاعة . وهو يستهدف مراعاة الظروف النفسية للمجرم ، ويدرس قدرة الشهود على التذكر والعوامل التي تؤثر في الشهادة . كما يدرس أثر الإيحاء في نفسية المشتركين في الدعوى ، وما يمكن أن يتأثر به الرأي العام والصحافة والإذاعة وحتى ما يتردد من إشاعات ، وذلك بغية توجيه الدعوة وجهة معينة (عيسوى ، 1987 : 38) .

ويهتم هذا الفرع بكيفية أعداد المتخصصين الذين يتعاملون مع نزلاء المؤسسات العقابية كالسجون ، وكيفية إعادة تأهيل المنحرفين والجانحين بغية تقويمهم وأعادتهم الى جادة الصواب ، ودراسة سلوك المنحرفين والخارجين عن القانون بغية التغلغل في أنفسهم ومعرفة الدوافع الكامنة وراء نهجهم السبل الانحرافية ، ومراقبة من يطلق سراحه على سبل التجربة للتأكد من استقامته ، ومنحه فرصة العودة الى ممارسة حياته الطبيعية ، وفهم سبل التعامل مع المنحرفين ومع أسرهم ودراسة القرارات الصادرة بحق المتهمين لمعرفة مدى

عدلها أو حيفها ، ومدى ملائمة الناحية السطحية والعقلية للمتهم لتنفيذ الحكم القضائي أو لمواجهة المحاكمة ومدى مسئوليته عن أفعاله ، فضلاً عن أعداد التقارير النفسية التي تساعد على إصدار الحكم الصحيح على المتهمين.

12) علم النفس البيئي :-

وهو يدرس مشكلات الضوضاء ومشكلات السير في المدن الكبرى وقضايا التلوث بالنسبة للهواء والماء والتربة ، والازدحام الزائد ، والتصميم المثالي لأماكن العمل والحياة من الناحية النفسية . وهو يدرس أيضاً دور الأحياء الفاسدة في توليد الجريمة والمجرمين ، وخصائص هذه الأحياء الاجتماعية والصحية والثقافية .

ويدرس دور الازدحام في السكن أو في الطرق أو في أماكن العمل في تكون التوتر النفسي للفرد ، والذي قد يكون سبباً مباشراً في هروبه من هذه المناطق الى أماكن أكثر اتساعاً والتى قد يلتقي فيها بنماذج انحرافية فيسلك من ثم سبل الجريمة . ويدرس هذا الفرع أيضاً دور المنزلية أو العامة في إراحة أعصاب الفرد ، ومساعدته على التخلص من أعباء العمل والمدينة الحديثة ، والتخفيف من حدة الازدحام الشديد ، وكيفية الاستفادة من الشواطئ والمنتزهات والغابات وحدائق الألعاب والحيوان في تمضية وقت الفراغ بالنسبة لسكان المدن ، وتحديد أماكن الانحراف في المدن وكيفية اختيار بناء أماكن المؤسسات التعليمية والمصحات النفسية والمستشفيات في المدن الكبرى والشروط اللازمة لذلك ، ودراسة دور توفر سبل الانحراف - كالحي السكني - في انتشار الجريمة ، ودور صغر حجم المساكن بالنسبة لقاطينها في اطلاع الأطفال مثلاً في سن مبكرة على الاتصال الجنسي الذي قد يكون سبباً مباشراً في انحرافهم جنسياً في سن مبكرة ، ودراسة دور الهجرة الريفية الى المدن في انتشار كافة الأمراض الاجتماعية والنفسية ، وأثر الهجرة على مرافق المدينة المختلفة ، ودراسة سبل تعلم الفرد لفنون الجريمة، والعوامل التي تساعده على تحقيق ذلك في المدينة وما الى ذلك .

13) علم النفس الإرشادي :-

وهو يستهدف مساعدة الأسوياء الذين يواجهون مشكلات سوء التوافق بسبب تعرضهم لمواقف اجتماعية أو نفسية غير سليمة أو عصبية ولا يعتبر هؤلاء الأفراد مرضى نفسانيين . ولكن يخشى ـ أن تتحول مشكلات سوء توافقهم البسيطة هذه الى أمراض نفسية أو ذهانية فيما بعد ، ما لم يتم إرشادهم وتوجيههم في مرحلة مبكرة . لأن من المسلم به أن العوامل المؤدية للأمراض النفسية في حياتنا المعاصرة كثيرة . فالفرد يواجه توتراً وضغوطاً نفسية واجتماعية كثيرة في ميدان العمل والدراسة وأماكن السير والسكن وما الى ذلك . وقد يواجه ضغوطاً نفسية بسبب ظروف السكن أو سوء التوافق الأسرى أو الزوجي أو الجنسي أو الدراسي أو الاجتماعي أو المهني . ودور علم النفس الإرشادي هنا هو دور وقائي يستهدف مساعدة الفرد على كيفية تجنب المواقف التي تثير أعصابه أو تجعله يفشل في حياته الدراسية أو الاجتماعية أو الأسرية وما الى ذلك .

14) علم النفس التجريبي :-

وهو يستهدف دراسة سلوك الإنسان والحيوان في المختبر باستخدام الطريقة التجريبية ووسائل الضبط الدقيقة ، ودراسة طبيعة استجابات الأفراد للمثيرات الحسية وطبيعة الإدراك والتعلم والتذكر ضمن موقف تجريبي مضبوط يمكن من خلاله التحكم في عامل واحد أو عدة عوامل لقياس تأثيره أو تأثيرها على طبيعة استجابات الفرد . ويدرس الباحثون في هذا الفرع سلوك الحيوان لاعتقادهم بأن دراسة السلوك الحيواني تلقى المزيد من الضوء على السلوك الإنساني ، وعلى اعتبار أن فهم سلوك الكائن ألا بسط كالحيوان يؤدي غالباً الى فهم سلوك الكائن الأعقد والأكثر تركيباً كالإنسان ، فضلاً عن توفر الحيوانات لأجل الدراسة والتجريب .

ويهتم أصحاب هذا التخصص بتطوير مناهج دقيقة للقياس والضبط وتسخير مناهج البحث في العلوم الطبيعية والرياضية في دراسة وضبط العوامل المؤدية للظواهر النفسية والاجتماعية . ويستهدف المتخصصون في

هذا المجال أجراء البحوث في مجالات كالإدراك والحواس والإحساس والدوافع والانفعالات والانتباه والتعلم والتوافق العضلي العصبي والذاكرة والتفكير واللغة وأسس السلوك. ويسعى هذا الفرع أيضاً الى معرفة الطريقة التى تعمل بها حواسنا مثل الرؤية والسمع والتذوق والشم والشعور وأسباب حبنا وكرهنا لشيء ما ، وكيف نتعلم وندرك العالم من حولنا وكيف نكتسب مهارات ونحتفظ بتعلمنا ونتذكر وننسى ونفكر ونتخيل ونخطط ونتعلم ونكتب ونفعل أشياء ونرفض أخرى ونضبط أنفسنا وننفعل إلخ ...

وتتركز غاية هذا الفرع في مساعدة الفرد على كشف بيئته وسلوكه ليتسنى له فهمها . وقد يجرى التجريب عن مواضيع جديدة ، أو بهدف التحقق من نتائج سابقة ، وبهدف معرفة أفضل السبل لدراسة ظاهرة ما نفسية أو اجتماعية ، ومعرفة القوانين التي تتصل بها ، وحسم النتائج المتعلقة بها أو أجراء عدة دراسات عن ظواهر في ضوء نظرية ما ، أو تطبيق المنهج العاملي لبعض الاختبارات النفسية . هذا وقد يقوم بعملية التجريب باحث أو عدة باحثين ، وقد تجرى التجارب في المعمل أو خارجه .

15) علم نفس الحيوان :-

ويجرى أصحاب هذا الفرع دراساتهم على الحيوانات القردة والفئران والحمام ، بغية معرفة مثلاً تأثير العقاقير الجديدة على المرض التجريبي - المستحدث - عند الحيوان كدراسة العلاقة بين التدخين والسرطان . وفي هذا الفرع يتمكن المختصون من دراسة متغيرات يستحيل تجريبها أو دراستها على الإنسان مثل استئصال جزء من المخ لمعرفة وظيفة هذا الجزء المستأصل وتأثيره على السلوك ، ومعرفة علاقة الهرمونات الجنسية بالدافع الجنسي ، كحقن الفارة بهرمون البرولاكتين لمعرفة اثر ذلك على السلوك الأمومة لديها ، الى غير ذلك من التجارب التي يجريها المختص في هذا الفرع .

16) علم النفس الفارق :-

وهو يهتم بدراسة الفروق الفردية داخل الفرد نفسه أو بين الأفراد والجماعات والسلالات في السلوك والذكاء والاستعدادات والشخصية والميول والاتجاهات والسمات والقدرات ، والعوامل الكامنة وراء هذه الفروق ودور كل من الوراثة والبيئة فيه . ويستعين هذا التخصص بالاختبارات النفسية والعقلية المختلفة في بلوغ أهدافه . ومن أهداف هذا الفرع مساعدة المربين على معرفة إمكانات الفرد الحقيقية بغية توجيهه مهنياً أو دراسياً التوجيه الصحيح ، وإتاحة فرص تطوير نفسه واستغلال إمكاناته الى حدها الأقصى- ، ومعالجة اوجه القصور والضعف فيها ، والتنبؤ بإمكانات الفرد الذهنية أو الجسمية أو الاجتماعية أو النفسية مستقبلاً بناء على نتائج الاختبارات التي تجرى عليه في مجال ما من هذه المجالات.

17) علم نفس الشخصية :-

تعد دراسة الشخصية من المحاور الرئيسية التي يهتم بها علم النفس ، مما يترتب على دراستها من نتائج يمكن ان تفيد الإنسان في معرفة نفسه ، وأدراك ذاته وتحديد أبعاد شخصيته ونمطها بما يمكنه من الانطلاق في ممارسة دوره في الحياة بمستوى من الثقة يدفعه لنيل نجاحه وتحقيق أهدافه فيها . ويفيد موضوع الشخصية الدارس في علم النفس لأنه يمكنه من معرفة العوامل المختلفة التي تكمن وراء السلوك وتقود للنجاح .

ويهتم علم نفس الشخصية بتحديد مفهوم كلمة الشخصية وتعريف الشخصية، ومعرفة العلاقة بين الشخصية والسلوك وأساليب دراسة الشخصية ومكونات الشخصية. ثم استعراض نظريات الشخصية المختلفة مثل نظرية الأنماط والسمات ونظرية التحليل النفسي والنظريات النفسية - الاجتماعية والنظرية الجشتطالتية والنظرية الغرضية والنظرية السلوكية والنظريات الظاهراتية ونحوها والعوامل المؤثرة في الشخصية وسمات الشخصية ، والشخصية المتكاملة ، فضلاً عن تقدير هذه النظريات وذلك لمعرفة نقاط القوة والضعف فيها . ويهتم علم النفس الشخصية أيضاً بدراسة الفروق الفردية بين الإفراد وأبعاد الشخصية ، وأساليب

تصنيف الأفراد ، ودراسة مكونات الشخصية ومحدداتها وسبل قياسها وما الى ذلك.

18) علم نفس الشواذ :-

وهو يهتم بدراسة الأفراد غير العـاديين الـذين يبتعـدون عـن الحالـة السـوية مثـل الاضطرابات النفسية - العصاب - والأمراض العقلية - الذهان ، ودراسة الضعف العقلي والمشكلات السـلوكية ودراسـة العوامل المسببة لهذه الاضطرابات النفسية والعقلية والسلوكية والعوامل المؤثرة فيها لأجل وضع العلاجات المناسبة لها وتفادي حدوثها . كما يهتم هذا الفرع بدراسـة الأفـراد ذوي القـدرات العقليـة المتميـزة، مثـل أصحاب التفكير العالي والذكاء العالي والمبدعين ، بهدف مساعدتهم عـلى تنميـة قـدراتهم الخلاقـة ، وخلـق الظروف النفسية والاجتماعية التي تمكـنهم مـن تحقيـق تـوافقهم النفسي ـ والاجتماعـي ، والاسـتفادة مـن نبوغهم في مجال ما اكبر استفادة ، وتسخير الدراسات التى تجرى عليهم في رفع قـدرات وإبـداعات الأفـراد الآخرين الذين نحتاجهم في حقل ما أثناء تنشئتهم الاجتماعية أو تعليمهم وتدريبهم وما الى ذلك .

19) علم نفس الصحة :-

وهو الاستخدام الإكلينيكي للطرق الفنية المشتقة من التحليـل التجريبـي للسـلوك بغيـة التقيـيم والوقاية والعلاج لكل من الأمراض العضوية أو خلل الوظائف الفسيولوجية . ويهـتم هـذا الفـرع بـأجراء البحوث التي تضيف شيئاً للتحليل الوظيفي للسلوك المرتبط بالاضطرابات العضوية ومشكلات الرعايـة الصحية وكذلك الفهم المناسب لها . ويطبق هذا العلم المعارف والمناهج المشتقة مـن كـل مجـالات علـم النفس على موضوع الصحة الجسمية والنفسية لأجل الارتقـاء بهـما والمحافظـة عليهـما والوقايـة مـن كـل أشكال الاضطرابات النفسية والعضوية ، فضلاً عن قياسها وعلاجها على اعتبار إن العوامل النفسية مـؤثرة فيها ، وانه ينبغي استخدامها لشفاء الآم الفرد أو خلل وظائفه (عبد الخالق ، 1993 : 35) .

20) علم القياس النفسي :-

يهتم القياس النفسي اليوم بدراسة السمات النفسية والقدرات النفس - جسمية والنفس - حركية وزمن الرجع والفروق الفردية وبيان طبيعة هذه الفروق سواء أكانت داخل الفرد نفسه أو بينه وبين الأفراد الآخرين . ذلك يهتم هذا الفرع بدراسة سمات الشخصية والقدرات والاستعدادات والتحصيل الدراسي ، ويقيس جوانب الشخصية السوية وغير السوية . ويهتم هذا الفرع بأعداد الاختبارات النفسية وسبل تقنينها وحساب صدقها وثباتها ، وإعدادها بشكل يميز بدقة بين أولئك الذين يمتلكون السمة المقاسة والذين لا يمتلكونها . ويهتم بوضع معايير الاختبار النفسي الجيد ، وكيفية بنائه، بحيث يكون دقيقاً وشاملاً ومختصراً وسهلاً في تصحيحه وتطبيقه وواضحاً في تعليماته .

21) علم النفس الهندسي :-

يستهدف هذا الفرع تعاون أصحابه مع المهندسين الذين يصممون الآلات على نحو يمكن الإنسان المتعامل مع هذه الآلات من العمل بسهولة ومرونة وبما يناسب حالته الجسمية والعقلية . فهذا الفرع يوصي المهندسين القائمين مثلاً بتصميم آلة ما بضرورة ان تصمم بشكل يناسب ظروف القائم بتشغيل هذه الآلة وتوظف إمكاناته وقدراته البصرية وتوافقه الحركي والبصري والسمعي وتتغلب على مواطن الضعف فيه ، بحيث يؤدي دوره كاملاً ، ويتفادى الحوادث الناجمة عن سؤ التصميم ، فضلاً عن إعداد برامج التدريب على الآلات الجديدة وتطوير الآلات القديمة بما يناسب طبيعة الإنسان القائم بالتشغيل ووفق ما أكدته الأبحاث الحديثة عن السلوك الإنساني .

لذلك يهتم المتخصصون في هذا المجال بدراسة الظروف الفيزيقية المحيطة بالآلات والعاملين من تهوية وإضاءة وحرارة ورطوبة وضوضاء وتلوث وما الى ذلك. إن هدف هذا الفرع هو تصميم الآلة بشكل يمكن الإنسان

من أداء دوره بواسطتها على نحو يحقق أهداف الآلة وراحة العامل النفسية ويستغل طاقاته الى أقصى حدا ممكن .

مدارس علم النفس :-

تعددت مدارس علم النفس . ومن بين هذه المدارس :-

1) المدرسة التكوينية :-

ركزت المدرسة التكوينية على سبر غور الخبرات الشعورية ، أي دراسة التركيب النفسي للفرد . وقد رأى رواد هذه المدرسة ان الحالات العقلية كالإحساسات والصور الذهنية للمشاعر الانفعالية هي التي تشكل العقل الإنساني .

واستخدام المنهج الاستبطاني التجريبي في هذه المدرسة . وقد ساعد ما كان يحدث في العلوم الطبيعية على نشأة هذه المدرسة ومنهجها حيث تأثرت هذه المدرسة في نشأتها بعلم الكيمياء الذي استهدف تحليل المركبات الى مكوناتها الأولية البسيطة . فلجأ علماء النفس في هذه المدرسة الى تحليل محتويات الشعور الى صور ذهنية وأحساسات ومشاعر ، وكان ذلك يحدث في المعمل النفسي . ومن الخدمات التي أسدتها هذه المدرسة لعلم النفس ، هو تطويره ليصبح علماً تجريبياً. وقد كان لـ " فونت " و " نتشز " فضل في هذا ، وفي انفصال علم النفس عن الفلسفة .

2) المدرسة الوظيفية :-

تنظر هذه المدرسة الى أن الحياة العقلية ينبغي إن تبحث في ضوء التوافق ع البيئة . وأن هذا يتم في ضوء التعليم ويحقق أساليب السلوك . وترى إن وظيفة السلوك تتركز في مساعدة الفرد على تحقيق توافق أفضل مع البيئة ، وأنه لا يتوجب النظر للحياة العقلية على أنها وجدت متراصة بجوار بعضها البعض .

تعتبر هذه المدرسة ان المعارف التي يكتسبها الفرد هي المسئولة عن تحسين سلوك وتنشيط عقله ، وأن اكتساب الاتجاهات أمر يساعد على حسن التصرف . ذلك لأن هناك علاقة تفاعلية بين المثيرات والاستجابة ، وانه لا يخفي

قيمة ذلك في توجيه السلوك في المواقف المختلفة . لان العلاقة التفاعلية إنما تجري في الواقع بـين الكـائن الحي وكل من البيئة المادية والاجتماعية . ولقد أسهمت هذه المدرسة في تطوير الاختبارات النفسية ، كـما أنها تكمل المدرسة البنائية على اعتبار أنها حددت هدف علم النـفس في دراسـة الوظـائف العقليـة ، وان غاية السلوك الإنساني في النهاية هو تحقيق أفضل التوافق . وعليه فعندما درست هـذه المدرسة وظيفـة الإدراك ، فأنها تناولت هذه الوظيفة في إطار وظائف أخرى كالانفعالات والحاجـات (عـوض ، 1994 : 62- 63)

3) المدرسة السلوكية :-

يثرى أصحاب هذه المدرسة أن الفرد يكتسب في نموه سلوكيات جديدة عن طريق عملية الـتعلم ويحتفظ بها . ويدرس السلوكيون سلوك الكائن الحي دراسة تجريبية ، ويرون إن العادة تلعب دوراً كبـيراً في تشكيل السلوك وأنها تعبر عن الرابطة بين المثير والاستجابة ، وأن السـلوك يتحدد بمثـيرات البيئـة ، وأن المثير يوجه السلوك أو الاستجابة ، وأن وراء كل سلوك دافع ، وأن وظيفة التعزيز تقوية الرابطـة بـين المثير والاستجابة ، وأن السلوك الذي يدعم هو الذي يستقر ويبقى . ولقد رفض السلوكيون كـل مـا ينحـدر مـن الماضي من أشكال وراثية أو أساليب غيبية .

وقد قامت السلوكية كرد فعل للنظريات التي سبقتها والتى تستند الى مفاهيم غامضة ، وتعتمد على طرق تغلب عليها الذاتية - كالاستبطان - في تفسير الظواهر النفسية . لذلك تبنى السلوكيون المـنهج التجريبي الصارم والدراسة المعملية لأنماط السلوك الظاهر القابل للملاحظة الموضـوعية والتقـدير الكمـي (أميمن ، 2000 ، 206-207) .

يرى السلوكيون إن علم النفس هو السلوك . ذلك لأن الشعور تجربة فردية لا يـدركها إلا الفرد نفسه . وأما السلوك فيمكن ملاحظته وإدراكه بواسطة صاحبه أو غيره . ويعتبر " سكنر " مـن أبـرز علـماء السلوكية الحديثة ، وعلماء النفس الذين انتهجوا منهجاً تجريبياً اعتقادا منه بضرورة قيام علم النفس علـى نفس

سلوكيات جديدة عن طريق عملية التعلم ويحتفظ بها . ويدرس السلوكيون سلوك الكائن الحي دراسة تجريبية ، ويرون غن العادة تلعب دوراً كبيراً في تشكيل السلوك وأنها تعبر عن الرابطة بين المثير والاستجابة ، وأن السلوك يتحدد بمثيرات البيئة ن وأن المثير يوجه السلوك أو الاستجابة ، وان وراء كل سلوك دافع ، وأن وظيفة التعزيز تقوية الرابطة بين المثير والاستجابة ، وأن السلوك الذي يدعم هو الذي يستقر ويبقى . ولقد رفض السلوكيون كل ما ينحدر من الماضي من أشكال وراثية أو أساليب غيبية .

وقد قامت السلوكية كرد فعل للنظريات التى سبقتها والتى تستند الى مفاهيم غامضة ، وتعتمد على طرق تغلب عليها الذاتية - كالاستبطان - في تفسير الظواهر النفسية . لذلك تبنى السلوكيون المنهج التجريبي الصارم والدراسة المعملية لأنماط السلوك الظاهر القابل للملاحظة الموضوعية والتقدير الكمي (أميمن ، 2000 : 206 - 207) .

يرى السلوكيون إن علم النفس هو علم السلوك . ذلك لأن الشعور تجربة فردية لا يدركها إلا الفرد نفسه . وأما السلوك فيمكن ملاحظته وإدراكه بواسطة صاحبه أو غيره . ويعتبر " سكنر " من أبرز علماء السلوكية الحديثة ، وعلماء النفس الذين انتهجوا منهجاً تجريبياً اعتقادا منه بضرورة قيام علم النفس على نفس الأسس التي قامت عليها العلوم الطبيعية التطبيقية التي تخضع ظواهرها العلمية لطرق البناء والقياس التجريبي ، مع الابتعاد تماماً عن الغيبيات والظنون والافتراضات النظرية التي لا تخضع في ثبات صحتها للأصول العلمية المقننة والدقيقة . وقد اتجه " سكنر " الى البحث عن القوانين التي تنظم حدوث الظواهر السلوكية وشروط حدوثها ، حتى يمكن السيطرة عليها والتنبؤ باحتمال حدوثها .

ويرفض الاتجاه السلوكي عمل الفرد استجابة لقوى داخلية ولا يقبل بفكرة المكونات الداخلية كالذكاء أو الشعور أو ما يسمى بالشخصية . لهذا يرى هذا

الاتجاه ان الفرد يؤدي سلوكاً ما بسبب استجابته للمثيرات البيئية سواء كانت حاضراً أم في شكل خبرات ماضية . وهو ما يعنى أن الكائن الحي لا تحركه قوى مصدرها اللاشعور . فالبيئة الخارجية بمؤثراتها الخارجية هي التي تدفع الفرد للاستجابة لمثيراتها أثناء تفاعله معها . ويرى " سكنر " أن السلوك محكوم بالتعزيز الإيجابي والسلبي . فالفرد فقد يسلك سلوكاً ما طمعاً في المكافأة أو تجنباً للعقاب . ويرى السلوكيون أن معظم السلوكيات متعلمة وهي نتاج تفاعل الفرد مع البيئة ، وان البيئة تحدد السلوك ، وان السلوك الإيجابي يرتفع معدل حدوثه مستقبلاً ، ونتائج السلوك هي التي تقرر استمراره ، والسلوك يقوى إذا تم تعزيزه ، ولذلك فإن السلوك السوي هو ثمرة الاشتراط الحسن ، والسلوك الشاذ هو ثمرة الاشتراط السيئ . ولذلك لا يوجد شخص شاذ ، وإنما هناك سلوك شاذ . ويهتم السلوكيون بدراسة السلوك الظاهري القابل للقياس والملاحظة . وتعتبر المدرسة السلوكية علم النفس فرعاً من العلوم الطبيعية ، وبذلك ترفض الاستبطان كمنهج من مناهج البحث في علم النفس .

4) المدرسة الجشطلتية :-

ظهرت المدرسة الجشطلتية في العقد الثاني من القرن العشرين ، ومن روادها " ماكس فيرتيمر " و " كيرت كوفكا " و " ولف كهلر " و " كيرت ليفين " .

وقد خالف رواد هذه المدرسة مدارس علم النفس الأخرى في تفسير السلوك والظواهر والعمليات النفسية . وينطلق الجشطالتيون من أننا نتعامل في حياتنا العقلية مع أشياء كلية ذات شكل معين وحجم ووضع معينين ولا نتعامل مع عناصر أولية كالتي يحاول الارتباطيون مثلاً تحليل العقل أليها . وتنطلق هذه المدرسة من أن الحقيقة الرئيسية في المدرك الحسي ليست هي العناصر التي يتكون منها المدرك، وغنما هي الشكل أو البناء العام . يعتبر الأمر المحوري في نظرية الجشطالت هو الإدراك . ويكون الإدراك كما هو مألوف في الحياة إجمالاً أولاً ، ثم يتدرج الى التفاصيل . وبمعنى آخر لا تفهم التفاصيل الا في

إطار الكل ، فمنه تأخذ معناها ومن ترابطها بشكل أو بآخر في الكل التي هي أجزاء فيه يكون لهذه الإجزاء تأثيرها (عليان وزملائه، 1987 : 100) .

ويرى أصحاب هذه المدرسة إن تمييز العناصر مضلل في علم النفس ، وان السلوك لا يمكن رده الى وحدات : مثير - استجابة ، ونادوا بأن خصائص الكل المنظم هي التي يجدر بعلم النفس أن يدرسها ، وأن على علم النفس أن يدرس السلوك في إطاره الكلي . وهاجموا فكرة إرجاع الظاهرة السلوكية الى أسسها البسيطة أو عواملها الأولية وتجزئتها . ويقولون بأن خصائص الكل تغاير خصائص أجزاءه ، وأن تحليل الكل الى أجزاء لا يعطينا فكرة كاملة عن هذا الكل.

ويدللون على ذلك بقولهم مثلاً أن خصائص الهيدروجين والأكسجين التى يتكون منها الماء منفردة ، تختلف عن خصائص الماء الذي يتألف منهما معاً . وقد استقت هذه المدرسة بعض آرائها من العلوم الطبيعية .

5) مدرسة التحليل النفسي :-

يعتبر " فرويد " و " أدلر " و " يونج " من رواد هذه المدرسة . ويعتبر " فرويد المؤسس الأول لهذه المدرسة ، وأليه يرجع الفضل في الكشف عن مجال اللاشعور . وتتلخص وجهة نظر هذه المدرسة في أن هناك ميولاً ورغبات كامنة في أعماق النفس البشرية لا يشعر بها الإنسان رغم تأثيرها في حياته دون أن يشعر ، وقد سماها فرويد " اللاشعور " وبذلك أضاف " فرويد " لعلم النفس مجالاً جديداً هو اللاشعور ، وبعد ان كان يسمي علم النفس بعلم الشعور .

وقد هاجم فرويد الشعور من اتجاه مخالف تماماً . فقد شبه فرويد العقل بجبل يمثل الجزء الصغير الطافي منه على سطح الماء منطقة اللاشعور . وهناك وفي المنطقة المترامية الإطراف من اللاشعور توجد الدفعات والقوى الغريزية ، والأفكار والمشاعر والتجارب المكبوتة . وهذه القوى رغم أنها غير مرئية إلا أنها حيوية وتمارس سيطرة على أفعال الإنسان الشعورية . وهكذا أصناف فرويد

فتحا جديداً لعلم النفس مؤداه إن دراسة الدوافع الكامنة وراء السلوك الإنساني في إطار الشعور وحده ليست كافية . إذ لابد لنا من ان ندرس أيضاً دور الدوافع اللاشعورية في توجيه وتحريك السلوك الإنساني .

تصور " فرويد " أذن أن الشخصية البشرية ترتكز على جزأين : جزء شعوري وجزء غير شعوري ، وإننا ندرك العالم الخارجي بنواحي معينة فينا ، ولكننا نجهل القوى الجبارة التي تحرك أعماق شخصيتنا . وتتكون المنطقة الواسعة من القوى الخفية التي تهيمن على نشاطنا الداخلي الذي لا ندركه في شخصيتنا من اللاشعور . وقد قرر فرويد أن الفرد يطرد الخبرة المرة التي مرت به في الماضي والتي تسبب له الألم بتذكرها من منطقة الشعور الى منطقة اللاشعور التى تحول دون تذكرها . وقد أطلق فرويد على هذه الحيلة الدفاعية اسم " الكتب " .

بناء الشخصية عند فرويد :-

قسم فرويد الشخصية الإنسانية الى ثلاث بناءات . وهي " ألهو " و " الأنا " و " الأنا الأعلى " .

1) ألهو :-

وهو الجزء البدائي من شخصيتنا . وموقعه منطقة اللاشعور ، أنه مخزن الدوافع الأساسية في حياة الإنسان . وسعيه غير عقلاني ، حيث تندفع قواه للتعبير عن ذاتها وإشباع حاجاتها مهما كلف الأمر ، ودونما أي اعتبار لمكان تحقيق ما يندفع أليه، أو التبصر في ما إذا كان عمله محبذا من المجتمع أم لا ؟ انه أعمي ، أنه الحيوان فينا.

2) الأنا الأعلى :-

وهو الضمير الأخلاقي المركز في وجدان كل منا . وهو حصيلة ما يمتصه الفرد من ممنوعات ومحظورات يقررها المجتمع وينقلها لنا الأهل من خلال عملية التأنيس والتربية . انه الشخص الذي نصبو أن نكونه في المستقبل ، وهو في صراع دائم مع ألهو : أي الصراع بين الرغبة والقيمة ، بين الخطأ - ما

يتعارض مع المتطلبات الاجتماعية - والصواب وهو ما يراه المجتمع حقاً وصواباً.

3) الأنا :-

يتدخل الأنا في عملية الصراع بين ألهو والأنا الأعلى ويمثل دور الحكم .

وهو يمثل للفرد الصورة الحقيقية للواقع الطبيعي والاجتماعي . ويعمل الأنا على اختيار ما يمكن يشبع حاجات ألهو دون ان يضر بالقيم الاجتماعية . لذلك يلجأ الأنا في حالة حدوث صراع شديد بين ألهو والأنا الأعلى الى توفير حل وسط يرضى جزءا من رغبات كل منهما . وقد تفرض عليه صعوبة إيجاد الحل ، فيلجأ من ثم الى واحد أو اكثر من الحيل الدفاعية كالإعلاء والإيحاء والتعويض والتقمص والتبرير والإسقاط والإزاحة الخ ... (ماضي ، 1991 : 282) .

ويجدر بالذكر أن البناءات الثلاثة السابق شرحها تعمل كلها متآزرة في الشخصية السوية وبشكل متسق ، فلا يطغى بناء واحد منها على حساب الاثنين الآخرين ، ويستحيل فصلها عن بعضها " فهي تتفاعل معاً تفاعلاً وثيقاً بحيث يستحيل فصل تأثير كل منها عن الآخر وتقدير وزنه النسبي في سلوك الإنسان فالسلوك هو محصلة تفاعل هذه الأنظمة متداخلة متشابكة فيما بينها في كل ما يقوم به الإنسان . هذا وفي الوقت الذي يؤكد فيه " فرويد " على الرابطة الوثقى بالماضي ، يؤكد " يونج " على الحاضر كعامل أساسي في سلوك الفرد ، كما يعتقد بضرورة النظر الى المستقبل. فمستقبل الفرد له أهمية في توجيه السلوك كأهمية الماضي تماماً (موسى،1994:23)

6) المدرسة الغرضية :-

يؤكد " ماكدوجل " رائد هذه المدرسة على أن سلوك الكائن الحي يستهدف تحقيق غرض أو هدف معين ، وان هذا الهدف أو الغرض قد لا يكون واضحاً وجلياً أمام الكائن الحي عند سعيه ، وان الغاية قد تكون بعيدة أو قريبة ، وقد تكون

للغاية قيمة بيولوجية كسعي العصفور لبناء عشه . يبدأ السلوك عند أصحاب هذه المدرسة بدافع أو حافز . لذلك يستهدف السلوك في هذه الحالة تحقيق أغراض معينة . هذا ويغير الفرد سلوكه وفق الظروف التي تساعده على تحقيق أهدافه أو تعيق تحقيقها . كما تتغير نظرة وتقييم وتقدير الفرد لأهدافه من حين ألى آخر .

وعلى هذا الأساس يصبح تحليل السلوك الى عناصر أولية أو جزئيات أو من الناحية الوظيفية عملاً لا طائل من ورائه .

ويعتبر " ماكدوجل " الغريزة استعداد فطرى يشترك فيه أفراد النوع الواحد.

وتخضع الغريزة الإنسانية لهيمنة العقل ويهذبها الخلق . وتتميز الغرائز بأنها تجعلنا نلتفت الى أشياء معينة ، ونهتم بمواقف تعرفيه خاصة ، هذا ولكل غريزة انفعال خاص بها . وأعطى " ماكدوجل " الاستعدادات أهمية كبيرة واعتبرها تتقرر بالحالة الشعورية للفرد . كما اهتم بالعواطف واعتبرها أداة تنظيم الحياة الانفعالية والاستعدادات للفرد وتوجهها نحو شيء معين . واعتبر " ماكدوجل " الاستعدادات النفسية - الجسمية هي المسئولة عن تحديد الأشياء التي يتعين على الفرد إدراكها والانتباه إليها ، وهى من يحدد نوع العمل الذي يتوجب عليه ممارسته .

ويرى " ماكدوجل " انه يمكننا الاستدلال على الغرائز من ملاحظة سلوك الكائن الحي ومن خلال ما يمارسه من نشاط ، وقال بدور الوارثة في تحديد سلوك الفرد ، وبإمكانية انتقال السلوكيات المتعلمة من جيل الى جيل عن طريق الوراثة ، وبأي سلوك الكائن الحي قصدي ونزعاته بدائية وغير عقلية وأن الغرائز الفطرية تعمل كمصدر للطاقة وتمكن الكائن الحي من تحقيق غاياته . وتتصف الغرائز عند " ماكدوجل " بالعمومية والثبات والاستمرار والفطرية والوراثة ، وتظهر في مراحل معينة من مراحل نمو الكائن الحي .

ومن أمثلة ذلك أن الطفل يبحث منذ ساعة ولادته عن ثدي أمه لكي يرضع دون توجيه أو تعلم .

هذا ولكل غريزة سلوك خاص بها . والغريزة قابلة للتعديل ، والفرد يعدل سلوكه لكي يحقق أهدافه ووفق نصوص ثقافة مجتمعه . بيد أن الجانب الانفعالي للغريزة يبقى كما هو ولا يطاله التعديل . وقد أسهم " ماكدوجل " بنظريته في الغرائز في التأكيد على دور الهدف في تفسير السلوك الإنساني ، وفي تطوير علم النفس التجريبي وعلم النفس الفسيولوجي وما الى ذلك .

7) المدرسة الترابطية :-

يعتبر " جون لوك " وهوبز " وجيمس مل " وغيرهم من أقطاب هذه المدرسة . ولقد سيطرت على أصحاب هذه المدرسة فكرة مؤداها ان العقل يتكون عن طريق ربط خبرات وأفكار تحكمها قوانين . ومن الأقوال المأثورة عن أصحاب هذه المدرسة أن عقل الطفل الوليد صفحة بيضاء تنقش عليه الخبرات الحسية ، وأن التجربة الحسية هي أساس المعرفة . وعليه فقد أنكروا وجود أية أفكار فطرية موروثة يولد الإنسان مزودا بها ، واعتبروا أن كل المعارف مكتسبة ، وأن الاحساسات تأتي الى العقل ثم تترابط تبعاً لما بينها من تشابه أو تضاد ، أو تجاور في الزمان أو المكان ، وأن كل العمليات العقلية تنشأ عن هذا الترابط .

ويرى أصحاب هذه المدرسة أن حدوث شيئين آن واحد مكان واحد يترتب عنه أثارتنا لواحد منهما استدعاء الآخر . فلو تذكرنا مثلاً مدينة نيويورك فسوف ترد الى ذهننا صورة تمثال الحرية ، والعكس صحيح أيضاً .

ومن أقوالنا المأثورة : أن الشيء بالشيء يذكر ، وأن الأضداد تدعو بعضها البعض ، فعندما أقول لك كلمة ليل ترد الى ذهنك كلمة " نهار " وهكذا . ولقد أطلق " فرويد " على مثل هذا اللون من العمل الذهني أسم " تداعى المعاني " أو تداعى الأفكار". ويستخدم التداعي الحر في العلاج النفسي . حيث يعطى للمريض بداية موضوع ما ، وتهيئ له الظروف التي تجعله يسترسل في عرض تجاربه وخبراته وإطلاق العنان لأفكاره التي قد يصل المحلل النفسي من خلالها الى العوامل المسببة للمرض النفسي الذي يعاني منه المريض . وينادي أصحاب هذه

المدرسة بأن مهمة علم النفس هي تحليل العمليات العقلية الى عناصرها من احساسات وحركة وصور ذهنية ومعان ... وذلك عن طريق التأمل الباطني .

ورغم زيف بعض المبادئ التي تتركز عليها هذه النظرية إلا أنها مهدت الطريق لتفسير عمليات عقلية كالحفظ والتذكر وتكون العادات .

8) مدرسة تحليل العوامل :-

من رواد هذه المدرسة سبيرمان " وبيرت " وايزنك " . ولقد استهدفت هذه المدرسة دراسة الشخصية والذكاء والميول والقدرات والاستعدادات .

واستخدمت في دراساتها الاختبارات السيكولوجية المختلفة والإحصاء البسيط والمتقدم والمعقد لفهم وتفسير الشخصية . وهدفها من ذلك هو الوصول الى معرفة العوامل الأولية التي تتألف منها هذه المركبات السيكولوجية أي الشخصية وسماتها وخصائصها. (عوض ، 1994 : 68) .

والتحليل العاملي منهج رياضي استقرائي . والاستقراء هو النظر الى الجزئيات للوصول منها الى حكم شامل كلي . ويستهدف التحليل العاملي البحث عن أقل عدد من المكونات الأساسية أو العوامل الأولية التي تتألف منها الظاهرة النفسية . ويتم تحقيق هذا الهدف بتطبيق الاختبارات النفسية على مجموعة من الأفراد ، وحساب معاملات الارتباط المتبادلة بينها ثم تطبيق معادلات إحصائية معينة . والتحليل العاملي منهج تصنيفي وصفي ، يستهدف اكتشاف العموميات الأساسية ، وله أهداف ثلاثة هي : الوصف والبرهنة على الفروض واقتراح فروض جديدة . وقد أستخدم التحليل العاملي بنجاح كبير منذ أوائل القرن العشرين في بحوث الذكاء والقدرات العقلية ، ثم أستخدم بطريقة منظمة ومميزة في بحوث الشخصية منذ عام 1930 . وقد امتدت تطبيقات التحليل العاملي الى علوم شتى منها الطب والبيولوجيا وعلم الاجتماع والجغرافيا والتجارة وغيرها . (عبدالخالق، 1993 : 59 - 60) .

الفصل الرابع

مناهج البحث في علم النفس

- تمهيـــد .

- منهج التأمل الباطني .

- نقد منهج التأمل الباطني .

- المنهج التجريبي .

- منهج دراسة الحالة .

- خطوات منهج دراسة الحالة .

- بعض الأساليب المستخدمة في دراسة الحالة .

- نقد منهج دراسة الحالة .

● تمهيد ..

إن علم النفس الحديث وطّد أركانه كعلم من العلوم عندما اعتمد الطريقة العلمية وتوصل الى القوانين العامة للسلوك البشري ، وعندما أخـذ بوسـائل التفكيـر الصـحيح التـي تعتمـد علـى الدراسـة التمحيصية والالتجاء الى التجريب والقياس والاحصاء وغيرهـا مـن طـرق البحـث العلمـي ، وإعتمد علـم النفس عدة مناهج في البحث العلمي سنتناول بعضاً منها وهي : منهج التأمل الباطني والمـنهج التجريبـي ومنهج دراسة الحالة .

1) منهج التأمل الباطني :

إن الطريقة المثلى لدراسة الظواهر النفسية الداخلية التي لا يعرفها علـى حقيقتهـا الا صـاحبها ، وهي طريقة التأمل الباطني أو الاستبطان ذلك لأن بمقدور الفرد أن يحس ويحيا ويختبر حالاته الشعورية ، فإحساسه بها إحساس مباشر لأنها إحساسات داخلية باطنية ، فالفرد (مثلاً - حسن) يعرف وحده ما إذا كان مسروراً أو حزيناً أو متشائماً ، متلذذاً أو متألماً . أما اذا عرف أحدهم بعض هذه الجوانب التي يشعر بها (حسن) فما ذلك إلا لأن الأحاسيس الداخلية (لحسن) انعكست على سلوكه الخارجي مثل انعكاس مظاهر السرور أو الحزن أو الألم ... الخ .

والتأمل الباطني مبني على قدرة الفرد على ملاحظة نفسه وتتبع ما يجري في تيار شعوره مـن خبرات حسية أو فكرية أو انفعالية بقصد دراسة نفسه ، وهـذا يتطلب شروطاً خاصة كإهتمام الفرد ورغبته في البحث عن الحقائق النفسية والمران على ذلك بطريقة موضوعية صادقة ممـا لا يتـوفر في غـير ذوي الثقافة العلمية في علم النفس . وأن يسبق ذلك بعض الارشادات بما يفيد في التعرف علـى الأحـداث النفسية المتسلسلة بناء على

سابق خبرة ، بحيث يستكمل التأمل الباطني بما سبق معرفته من الحقائق بالطرق المختلفة الأخرى .

ويلاحظ أن علم النفس ينفرد وحده بهذه الطريقة التي تجعل كل شخص يحمل في نفسه معمله الخاص الذي يستطيع أن يتأمل ليدرس ما يدور بخواطره من مدركات وأفكار وصور ذهنية وانفعالات ومشاعر ، وأقرب مثال لذلك هو ملاحظة الشخص لنفسه أثناء ما يعرف بأحلام اليقظة أو شرود الذهن ، حيث يمكن أن يصف الشخص ما يشغل عقله ويستحوذ على تيار شعوره في ذلك الوقت (عويضة ، 1996 : ص126) .

ويحتاج التأمل الباطني الى تسجيل النتائج بسرعة ودقة مما يستنفذ جزءً كبيراً من انتباه الفرد المتأمل لنفسه ، ويحدث أحيانا أن يؤجل الفرد تسجيل نتائجه الى ما بعد انتهاء العملية المراد دراستها . وهذا يعتمد على القدرة على تذكر التفاصيل التي تتلاحق بسرعة في تيار الشعور ويسمى عملية إسترجاع تذكر ما حدث (التأمل الباطني الاسترجاعي) . وباختصار يقوم الفرد في المنهج الباطني الذاتي بملاحظة وتأمل سير الحالات النفسية والعمليات العقلية التي تحدث داخل نفسه ، وبهذا أصبح الفرد هو الدارس والمدروس وهو الذي يسجل نتائج تأمله واستبطانه .

لقد قام عالم إنجليزي عام 1908 بتجربة تمثلت في قطع أحد الاعصاب الجلدية في ساعده الأيسر ـ وسجل بيده اليمنى ما شعر به في منطقة العصب المقطوع من أحاسيس كالخوف والبرودة فوجد أن الحساسية لا تفقد تماماً . (أحمد ، الغزالي ، 1994 : ص 13) وظل هذا المنهج سائداً حتى أوائل القرن الحالي ثم وجهت اليه بعض الانتقادات .

● نقد منهج التأمل الباطني .

لقد تعرض هذا المنهج لإعتراضات وانتقادات كثيرة الا أنه لا غنى للباحثين عنه في ميدان علم النفس بشرط مقارنة نتائجه بنتائج طرق البحث الأخرى . ومن هذه الانتقادات ما يلي :

أ) أن التأمل الباطني منهج غير علمي لأنه يقوم على أساس أن حالات الفرد النفسية لا يستطيع أن يتأملها سواه وهي حالات فردية ذاتية لا تصلح أساساً للعلم الذي يستهدف الوصول الى المبادئ والقوانين العامة .

ب) أن تسجيل التأمل والاستبطان يحتاج الى قدرة تعبيرية فائقة لوصف الخواطر والمعاني النفسية وصفاً يتفق مع صورها الحقيقية ، وكثيراً ما تقصر الالفاظ عن هذا التعبير الدقيق مما يجعل نتائج التأمل الباطني متوقفة على طريقة التعبير هذه . وهي طريقة لا تصلح مع الأطفال أو ذوي القدرات اللغوية الضعيفة .

ج) يستحيل على الفرد دراسة نفسه واستبطانها في حالة النشاط النفسي الحاد كما هو الحال في الانفعالات الشديدة ، لأن الفرد سيكون متأثراً بها مما يترتب عليه عدم دقة النتائج ، ويتضح ذلك في أن الفرد اذا حاول أن يتأمل نفسه وهو خائف ليحاول أن يصف ظاهرة الخوف في مجرى شعوره فمجرد هذا التأمل من شأنه أن يقلل من حدة الخوف ذاته .

د) يحتاج استخدام هذا المنهج الى تدريب ووقت طويل ، فضلاً عن صعوبة تنفيذه لصعوبة اكتشاف الانسان لنفسه بسهولة .

2) المنهج التجريبي .

إن التجريب في علم النفس لا يصل في دقته الى الدرجة التي نجدها في علوم الطبيعة والكيمياء ، ذلك لأن الحياة العقلية أكثر تعقيداً ولها من

معنوياتها ما يجعل من الصعب تحديدها تحديداً كاملاً فليس من السهل أن نضع الصراع أو الانفعال في حيز محدود لتجري عليه التجربة ، كما نعمل في مختبر الكيمياء كوضع معدن في إنبوبة اختبار مثلاً ، ورغم ذلك نجح التجريب في علم النفس حتى في التجارب التي أجريت على المزاج والتفكير والصراع النفسي والقدرة على التعلم وذلك بفضل الاستعانة بالتجارب على الحيوانات ، وحيث يمكن التضحية بأرواح الحيوانات وإجراء العمليات الجراحية لها مما لا يصلح للإنسان . كما أن خطوات العمليات العقلية تتم ببطء نسبياً عند الحيوان اذا قورنت بتلك الخطوات التي تجري على الانسان، ومن أمثلة ذلك تحليل عملية إدراك بعض العلاقات في أحد المواقف وتتابع الخطوات في تفكير الحيوان مما يسهل على الباحث أن يتبع هذه الخطوات ويلاحظ جزئياتها ويحللها بشئ من الدقة التي يصعب الوصول اليها.

ومن هنا يمكن أن نعرف مفهوم التجربة بأنه عبارة عن ملاحظة تحت ظروف محدودة يمكن التحكم فيها وبذلك تختلف التجربة عن الملاحظة فيما يأتي :

1. أن القائم بالتجربة يستطيع أن يحدد الوقت الذي تحدث فيه الظاهرة فيستعد لها ويرسم خطة لملاحظته الدقيقة .

2. من الممكن في التجربة حصر الظروف وتحديد العوامل التي يكون لها أثر في حدوث الظاهرة النفسية وهذا يسهل إعادة التجربة تحت نفس الظروف ويمكن للباحثين الآخرين تكرار التجربة لإثبات صحتها .

3. يمكن للباحث أن يغير ظروف التجربة بأن يثبت بعضها ويغير البعض الآخر ليرى الآثار المترتبة على الظروف المتغيرة .

لقد بدأ التجريب في علم النفس في الظواهر النفسية المرتبطة بالظواهر الطبيعية والفسيولوجية كالإحساس والإدراك الحركي ، ثم انتقل الى التذكر والتصور ثم الى الحياة الانفعالية والبواعث النفسية . ولكن الظواهر النفسية تختلف فيما بينها من حيث خضوعها للتجريب الدقيق مما يتطلب الاستعانة بطرق أخرى لغرض فهمها فهماً حقيقياً ، وقد تستعمل أجهزة وأدوات مناسبة يسهل بها قراءة النتائج .

إن تجارب علم النفس تتوقف على نوعين من العوامل هي :

أ) عوامل الظروف الخارجية المحيطة وما فيها من مؤثرات أو حوافز أو محمسات أو عوامل معطلة كالأصوات الخارجية وعوامل الجو وظروف التجريب.

ب) عوامل داخلية كحالة الفرد المزاجية وشعوره بالتعب أو الارتياح ، ومدى حماسته للعمل وحالته الصحية النفسية وظروفه الذاتية وقت التجربة وما عنده من دوافع وبواعث . ويلاحظ من الصعوبة التحكم بهذا العامل ، ولهذا يصح أن نأخذ دائماً في الاعتبار طريق التأمل الباطني الذي يساعد كثيراً عند تفسير النتائج ، مع ملاحظة عدم إهمال الفروق الفردية مثل الجنس ، السن ، الذكاء ، الاستعداد الوراثي ، لأنه كثيراً ما تسبب إختلافاً في نتائج التجارب .

3) منهج دراسة الحالة .

يرجع شيوع استخدام منهج دراسة الحالة الى منتصف القرن الماضي - في نظر البعض - الى ظهور نظرية الجشطلت التي لفتت الانتباه الى ضرورة الاهتمام بالموقف الكلي الذي يتفاعل فيه الكائن الحي ،

وإعتبار هذا الكائن جزء من الموقف لا ينفصل عنه إلا بقصد التحليل فقط   (حسن ، 1971 : ص 365 - 377) .

ويهتم منهج دراسة الحالة بجميع الجوانب المتعلقة بشئ ما أو موقف واحد على أن يعتبر الفرد أو الجماعة أو المجتمع كوحدة للدراسة ويقوم هذا المنهج على التعمق في دراسة المعلومات بمرحلة معينة من تاريخ حياة هذه الوحدة ، أو دراسة جميع المراحل التي مرت بها ، ويتم فحص واختبار الموقف المركب أو مجموعة العوامل التي تتصل بسلوك معين في هذه الوحدة لغرض الكشف عن العوامل التي تؤثر في الوحدة المدروسة أو الكشف عن العلاقات السببية بين أجزاء هذه الوحدة ثم الوصول الى تعميمات علمية متعلقة بها وبغيرها من الوحدات المشابهة (كود ، 1954 ، ص 730 - 726) وذلك يعني أن دراسة الحالة قد تكون لفرد أو مؤسسة ... الخ . حيث يهتم الباحث بالتحليل العميق للتفاعل الذي يحدث بين العوامل التي تؤدي الى التعبير والنمو والتطور على مدى فترة معينة من الزمن .

● خطوات دراسة الحالة .

1. تحديد الظاهرة أو المشكلة أو نوع السلوك المطلوب دراسته .

2. تحديد المفاهيم والفروض العلمية والتأكد من توفر البيانات المتعلقة بموضوع الدراسة .

3. إختيار العينة الممثلة للدراسة .

4. تحديد وسائل جمع البيانات .

5. تدريب القائمين بجمع البيانات .

6. جمع البيانات وتدوينها .

7. إستخلاص النتائج ووضع التعميمات .

● **المعلومات المطلوبة لدراسة الحالة وكيفية التحقق من صحتها .**

الحالة تعني الدراسة بشكل مفصل لشخص أو مجموعة من الأفراد (أسرة، مؤسسة ، مجتمع) .
ثم يقوم الباحث بتجميع المعلومات التي لها علاقة (بموضوع البحث) ولها علاقة بتاريخ حياة وتطور (
موضوع البحث) ، وبعد أن نجمع كل الحقائق الدقيقة يستطيع الباحث أن يضع صورة كاملة ومستمرة
لخبرات (موضوع البحث) وأفكاره - ويحصل الباحث على البيانات والمعلومات من مصادر عديدة ومنها
الشهادة الشخصية والوثائق الشخصية والمفكرات والصحف ... الخ . بالاضافة الى القياسات البيولوجية
والنفسية والاجتماعية ، وعلى الباحث أن يتأكد من فحص وتحليل هذه الوثائق والمصادر وتحديد أصالتها
ومعناها الصحيح .

فالباحث يهدف الى التعرف الى الأسباب الرئيسية التي أدت (بموضوع البحث) الى وضعها الحاضر .

● **بعض الأساليب المستخدمة في دراسة الحالة .**

إن الباحث الذي يقوم بدراسة تاريخ الحالة عادة لا يحكم على شخصية أو دوافع الشخص
موضوع البحث ، فالباحث يحتفظ بموضوعيته العلمية حيال سلوك الفرد ويحاول تسجيل الحقائق ولا
يدخل تحيزاته الشخصية ومعاييره الأخلاقية ومعتقداته في البحث ، ومهمته في التعرف على الطبيعة
الحقيقية للأشياء والناس وذلك لأن مهمة الباحث في طريقة دراسة الحالة هي دور التشخيص أكثر منه
دور الإصلاح .

وتعتبر المقابلة الشخصية أكثر الأساليب المستخدمة في دراسة الحالة والمقابلة تنشط الحديث
الحر وتنشئ علاقة بين الباحث والشخص الذي تتم

معه المقابلة تصبح شرطاً هاماً للمقابلة مع إحتفاظ الباحث المجرب بموقفه الموضوعي .

ومن الأساليب المستخدمة في دراسة الحالة الاستبيان أو التخطيط والوثائق المكتوبة ودراستها دراسة مستفيضة وتشمل البيانات المسجلة في تاريخ الحالة المعلومات التالية على الأقل :

⟸ تاريخ المقابلة والحصول على المعلومات .

⟸ أسماء الأشخاص الذين أدلوا ببياناتهم .

⟸ الكلمات الفعلية المستخدمة في هذه البيانات .

⟸ وصف مختصر للظروف المحيطة بعملية المقابلة .

⟸ ملخص للأساليب الخاصة التي أستخدمت في أي جزء من الدراسة (مثل الملاحظة الشخصية المباشرة ، المقابلة ، الاستبيان .. وغيرها من الأساليب المشابهة) .

⟸ تحديد الشخص أو الوثيقة التي تمدنا بالمعلومات .

⟸ ملاحظات مكتلمة .

(بدر ، 1986 : ص 327) .

إن دراسة الحالة يجب أن تكون كاملة ، وهي خطوة سوف لا تتكرر مرة أخرى وهي تتطلب فترة طويلة من الزمن ، وقد يتم بمقابلة واحدة أو عدة مقابلات على شكل وكمية المعلومات المطلوبة ، والعثور على العوامل والأسباب ذات الدلالة والأهمية . والباحث يجب أن يتحلى بالصبر لأن هذا النوع من العمل يتميز بالعمق والشمول ومحاولة الحصول على البيانات المتعلقة عنها من مصادر كثيرة متنوعة .

● نقد منهج دراسة الحالة .

إنتقد بعض العلماء منهج دراسة الحالة وبالنسبة لحدود الاعتماد عليه كطريقة للبحث ، ومن هذه الانتقادات :

1. لا يعتبر هذا المنهج علمياً بصفة كلية ، لأن عنصر الذاتية والحكم الشخصي موجود في اختيار الحالات وفي يتجميع البيانات .

2. عدم صحة البيانات المجمعة مثل أن المبحوث قد يذكر الحقائق ، لا كما حدثت بل من وجهة نظره ، لتبرير نظرته أو سلوكه . كما قد يحاول المبحوث أيضا التهوين أو التهويل مـن بعـض الأحـداث ... وهكذا .

3. صعوبة تعميم النتائج ، وذلك لإختلاف الحالة المفحوصة عادة عن غيرها من الحالات .

4. ينفق الباحث في دراسة الحالة كثيرا من الوقت والجهد والمال قد لا يبرر النتائج التي يصل اليها .

ومما سبق يتوضح أن المواد المستخدمة في بحوث دراسة الحالة ، حيث تشـمل المعلومـات التـي يتحصل عليها من مصادر متعددة كالمقابلات الشخصية والوثائق الشخصية والمسجلات الطبية أو التعليمية أو الخدمات الاجتماعية وغيرها، وتعتبر المقابلة الشخصية أهم الأدوات ، غير أن البيانات التي يتم الحصول عليها لابد من التحقق منها بمقارنتها بالوثائق المكتوبة والمذكرات التي يتم تسجيلها يجب أن تكون كاملـة دقيقة ، ومن الأفضل تدوينها أثناء المقابلة ذاتها .

الفصل الخامس

الدوافـــــع *Motivation*

● الدوافـــــع .

- تمهيـــد .

- مفهوم الدافـــــع .

- دورة الدافـــــع .

- قياس قوة الدافع .

- حالات الدافـــــع .

- مسار السلـــــوك .

- تكييف الإستجابة .

- بعض المفاهيم المتعلقة بالدافع .

● الدوافع الفطرية .

- مميزات الدوافع الفطرية .

- تصنيف الدوافع الفطرية .

- الغـــــــرائز .

- أقسام الغرائز وانفعالاتها .

- قياس الدوافع الفطـرية .

● الدوافع المكتســــبة .

- تصنيف الدوافع المكتسبة . (عامة ، خاصة ، حضارية) .

تمهيد ..

إن موضوع الدوافع من أكثر مواضيع علم النفس أهمية وإثارة لإهتمام الناس عامة والمختصين خاصة ، فالمعلم يبحث عن الأسباب التي تدفع التلاميذ الى التحصيل الدراسي ، والعاملون في الصناعة والزراعة والتجارة يبحثون عن الأسباب التي تدفع العمال الى زيادة الانتاج ، وبعمنى آخر يبحث عن السلوك البشري في مختلف مجالات الحياة الذي يسبب الاندفاع في سلوك ما نحو هدف محدد ، إن هذا السلوك نابع من دوافع ومؤثرات ومحركات داخلية وخارجية ، وهذه الدوافع منها ما هو فطري عام بين جميع أفراد النوع البشري وسابق على كل تعلم وخبرة واكتساب ، ومنها ما هو مكتسب من البيئة التي تحيط بالفرد ويعيش فيها ويتفاعل معها ، كما أن هذه الدوافع والمحركات المكتسبة منها ما هو شعوري يشعر بها الفرد ومنها ما هو لاشعوري أي لا يحس بها الفرد ولا يشعر بها ولا يفطن لها ، فهو لا يسلم بوجودها لديه إطلاقاً . مع ملاحظة أن عدم شعوره بالدوافع والمحركات وعدم تنبّهه الى وجودها لديه لا يمنع من انها تؤثر في سلوكه فهي تحرك سلوكه بطريقة مستترة لا يشعر بها الفرد ، فالدوافع هي المحركات الرئيسية للسلوك الانساني ومن خلال دراستها نستطيع فهم ذلك السلوك والتنبوء به وضبطه ، كما يمكننا من زيادة فاعلية الأفراد .

والسلوك تحركه دوافع تهدف الى تحقيق هدف أو غرض يؤدي الى إشباع وإرضاء دوافع وحاجات ورغبات مما يساعد على استعادة توازنه واستقراره ، فتخلتف هذه الأهداف والأغراض من حيث الوضوح والأهمية بالنسبة للفرد كما أنها تختلف حجما أو إتساعاً قرباً أو بعداً ، وقد تكون الدوافع واضحة يمكن إدراكها وشرحها والدفاع عنها ، وقد تكون الدوافع معقدة غامضة يصعب شرحها والدفاع عنها ، وقد تكون مهمة وكبيرة

بالنسبة للفرد ، وقد لا يهتم الفرد بها وربما تكون ذات حجم واتساع ، وقد تكون صغيرة بسيطة محددة لا تحتاج إلى بذل مساعي كبيرة لتحقيقها .

● **مفهوم الدافع .**

مفهوم الدافع هو مفهوم افتراضي وضعه الباحث أو الاخصائي في علم النفس لتفسير بعض الظواهر السلوكية (قرفال ، البناني ، 1996 : ص 26) ، حيث أورد العالم يونج (Youing) عدة معان لمفهوم الدافع منها :

1- الدافع طاقة تحرك الجسم .

2- الدافع هو نشاط موجه نحو هدف معين ، مثل البحث عن الغذاء أو عن الأمن .

3- الدافع نشاط عام (السامرائي 1998 : ص 64) .

4- الدافع مثير ، وهو حالة النسيج الداخلي الذي يطلق الطاقة التي بدورها تقود الى نشاط (الشرقاوي 1983 ، ص 202) .

ولقد ساهم الباحثون العرب في تعريف الدوافع ، ومن هذه التعاريف :

- الدافع حالة داخلية جسيمة أو نفسية تثير السلوك في ظروف معينة وتواصله حتى ينتهي الى غاية معينة (راجح ، 1963 : ص 88) .

- الدافع حالة من توتر في الكائن الحي ، تنبعث منه حاجة فيسعى الكائن الحي الى المشبع لتخفيف حدة توتر الدافع (جلال ، 1971 : ص 285 - 286) .

- الدافع هو حالة من التوتر تصيب الكائن الحي نتيجة لمثير من المثيرات وتبعث في الكائن الحي حاجة تستدعي منه الاشباع فيتحرك هذا الكائن الذي أثير فيه الدافع ويبدأ في استجاباته السلوكية من أجل إشباع الدافع الذي أستثير فيه وأرضاء الحاجة المنبعثة عن هذا الدافع المستثار

ويصاحب الدوافع انفعالات وهي تمد عضلات الجسم بالطاقة الدافعة للنشاط ، وهي توجـه السـلوك نحو الغرض أو الهدف الذي يسعى الشخص للحصول عليه (الشيباني ، 1998 : ص 86) .

<u>مثال :</u>

في يوم من أيام الصيف وشخص ما يسير قرب ساحل البحر ، يرى الماء فيثار عنده دافع العطـش ، حيث أوجد هذا الدافع لديه حاجة تحتاج الى إشباع وهي الحاجـة الى شرب المـاء ، وهـذه الحاجـة تولد دافع يصاحبه تيقظ انفعالي (توتر) يثير السلوك ويحركه للبحث عـن مـاء يشـربه ، حيـث يـرضي حاجته للماء وبإشباع هذه الحاجة يزول التوتر وتختفي لديه حالة الضمأ .

يختلف الناس في طرق وأساليب ودرجات إشبـاع الحاجـة وذلـك بحسب معتقـداتهم وقيمهم وأحوالهم الصحية وثقافتهم ، ومستويات تعليمهم وقوانينهم وتشريعاتهم ، ذلك لأن الإنسـان في سـلوكه ونشاطه الهادف لتحقيق أو إشباع دوافعـه وحاجاتـه لا يخضـع الى مكوناتـه الداخليـة فقـط وإنمـا يتـأثر بالعوامل المحيطة به والتي يتفاعل معها ويتأثر بها كعوامل وعناصر البيئة الخارجية .

إن تحرك الدافع يكون مصحوباً بيقظة انفعالية وحالة مـن التـوتر النفسيـ والعضـوي كالـدوافع ذات الارتباط العضوي كدافع التعب ودافع الجوع ولا يهـدأ ولا يخـف التـوتر ويـزول إلا بتحقيـق إشباع الدافع أو اليأس من تحقيق إشباع الدافع لوجود صعوبات مادية ومعنوية تعيق الفرد من إشباع الدافع .

● دورة الدافع Cycle of Motivation

دورة الدافع عملية افتراضية تفسر كثير من حالات الدافع وهي لا نلاحظهـا بـل نسـتنتجها مـن النتائج الصادرة عنها ، ويمكن أن تعرف الدافعية بأنها شروط أو أحوال تسهل وتوجد وتساعد على استمرار الأنماط السلوكية الى أن تتحقـق الأهـداف أو تعـاق الاستجابات . إذ مـن الممكـن إعتبـار الـدوافع حـالات جسمية أو نفسية تثير السلوك في ظروف معينة وتظهر الدوافع على شـكل دورات متسلسـلة تتكـون مـن عدة عوامل متكررة ، إذ تمر بثلاث مراحل هي :

أ) حاجة أو حافز ينشأ منها توتر يؤدي الى .

ب) استجابة وسيلية للتوصل الى تحقيق الأهداف لإشباع الحاجة .

ج) مجرد تحقيق الهدف بإشباع الحاجة يعقب ذلك حالة ارتياح مـن الحاجـة وهـو وقتـي لنشـوء حاجـة جديدة تمر بنفس المراحل ، ويمكن أن تتوضح الطبيعة التكرارية لـدورة الـدافع لكثير مـن حـالات الـدافع المختلفة مع إختلاف الفترة الزمنية لدورة الدافع كما أن المتغيرات المـؤثرة في دورة الـدافع بسـيطة يمكـن تغييرها أو تعديلها عن طريق العديد من الأنماط السلوكية (السامرائي ، 1998 : ص 89) .

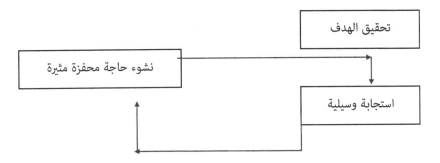

● قياس قوة الدافع .

يمكن أن تقدر قوة ونوعية حالة الدافع بما يلي :

أ) طول الفترة الزمنية التي انقضت على إشباع الدافع آخر مرة .

ب) ملاحظة أنماط سلوكية معينة يستدل منها على حالة الدافع لدى الفرد ، وتعتمـد هـذه الطريقـة عـلى الملاحظة الطبيعية وتتطلب من الملاحظ حصوله على بعض المعلومات السابقة التي ترتبط بنوع معين مـن السلوك له علاقة بحالة دافع معين .

مثال :   تستطيع الأم تقدير الوقت الذي يشعر فيه طفلها بالحاجة الى الرضاعة وذلك عن طريق معرفة الفترة التي انقضت على آخر رضعة للطفل ، كما يمكـن تقـدير جـوع الطفل بملاحظتها لأسـاليب سـلوكية معينة للطفل مثل البكاء .

● حالات الدافع .

عادة يكون الدافع كامناً لا نشعر به حتى يجد ظرفاً من الظـروف يبعـث فيـه النشـاط ويثيره . والمثير أو المنبه سواء كان داخليا أو خارجياً فهو الذي يحول الدافع مـن حالـة الكمـون الى حالـة النشـاط ، ويمكن توضيح ذلك بالشكل التالي :

مثير + حالة توتر + سلوك موجه = إزالة التوتر

وعند تحليل أي دافع من الدوافع يتضح لنا ما يلي :

1 } الدافع يبقى كامناً لا يشعر به الفرد ولا يتحرك للعمل الا اذا أثاره موقف من المواقـف ، وقـد يكـون هذا الموقف ناتج عن شعور الفرد بحاجة داخلية كالجوع أو العطش أو قـد ينتـج عـن منبـه خارجـي كزلزال ، ففي الموقف الأول ينشط دافع الجوع أو العطش وفي الموقـف الثـاني ينشط دافع المحافظة على البقاء .

2 } إذا ما أثير الدافع ينتج عنه نشاط أو سلوك يقوم به الكائن الحي لتحقيق هـدف معين هـو إشباع الدافع وتهدئته ، فالجوع يدفع الفرد الى سلوك معين هو البحث عن الطعـام ليشبع ومـن ثـم يكمـن دافع الجوع من جديد .

3 } يصاحب الدافع المثار إنفعال خاص به فدافع الأمومة يصاحبه الحنان ودافع المقاتلة يصاحبه انفعال الغضب .

4 } يكون الدافع في الأصل لاشعورياً ، ولكنه اذا اعترضه عائق من العوائق فإنه يصبح شعورياً ، فـدافع الأمومة يبقى لاشعوري طالما الأم ترعى أطفالها وتحنو عليهم ، ولكن اذا ما حدث ما يحول بينها وبـين أطفالها لاشك أن الأم ستشعر بدافع الأمومة قوياً لأن ذلك يحول الدافع الى رغبة والرغبة هـي الـدافع وقد شعر بذاته كما يقول الفيلسوف سيينورا. (السامرائي ، مصدر سابق) .

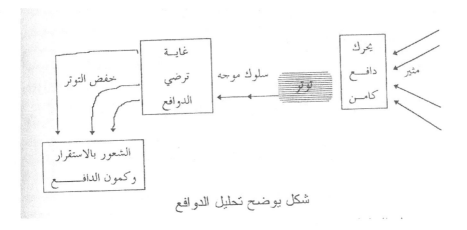

شكل يوضح تحليل الدوافع

● مسار السلوك .

الدوافع وهي تكوينات فطرية أو مكتسبة تستثيرها بواعث داخلية تتمثل في حاجات بيولوجية غريزية نفسية مرتبطة بهذه الدوافع ، فيتحرك الدافع مولداً لدى الفرد نوعاً من النشاط يتجه بـه الى الهدف الـذي هـو موضوع الدافع ويساعد على حركية الدافع ، اما البواعث الخارجية فتتمثل في حـوافز ماديـة أو معنوية تسرع الى الوصول لهذا الهدف فتتشبع الحاجة ويستقر (الشرقاوي ، مصدر سابق : ص 224) .

موضوع الدافع ويساعد على حركية الدافع ، اما البواعث الخارجية فتتمثل في حوافز مادية أو معنوية تسرع الى الوصول لهذا الهدف فتتشبع الحاجة ويستقر (الشرقاوي ، مصدر سابق : ص 224) .

● **تكييف الاستجابة .**

قد تثير كثير من الدوافع استجابات غير منتجة لا تؤدي الى الوصول الى أهداف ، وفي كثير من الحالات يجب على الفرد عمل تكييف لسلوكه وذلك عن طريق القيام باستجابات وسيلية مختلفة حتى تكتمل دورة الدافع .

مثال : قد يضرب الطفل الصغير بالملعقة على المائدة ، أو قد يصرخ ولكن هذا لا يؤدي بالوالدين الى احضارهم الطعام له ، هنا يجد أن عليه أن يكيف سلوكه ربما عن طريق طلب الطعام بأدب ولطف وذلك ليشبع حاجة الجوع.

● **بعض المفاهيم المتعلقة بالدافع .**

إن دارس علم النفس يتعرض لمصطلحات كثيرة مثل الدوافع والحاجات والبواعث والحوافز والرغبة ، وغالباً ما تختلط عليه هذه المصطلحات بشكل متنافر أو متناقض أو مترادف ، وسنتناول كل منها باختصار شديد جداً وسننتطرق لها بالتفصيل في فصول قادمة .

● **الحاجة Needs**

وهي تنشأ في حالة شعور الفرد بعدم التوازن البيولوجيـ أو النفسيـ في موقف ما ، فهي حالة عدم إتزان أو نقص أو افتقار ، او اضطراب جسمي أو نفسي.

مثال: الحاجة الى الأمن ذلك عندما يعتري الفرد خوف من شئ ما عندها تظهر حاجته الى الأمن والطمأنينة .

- **الغرائز Instinct .**

الغريزة : هي استعداد فطري نفسي يحمل الكائن الحي على الانتباه الى مثيرات معينة يدركها إدراكاً حسياً ويشعر بانفعال خاص عند إدراكها وعلى العمل أخيراً أو الشعور بدافع الى العمل يأخذ شكل سلوك معين تجاه هذا الشئ (زهران ، 1978 : ص 33)

- **الحافز أو الباعث Incentive**

وهي مثيرات تسهم في حركة الدافع وتتضمن المثيرات الداخلية المتمثلة في الحاجات والمثيرات الخارجية المتمثلة في الحوافز .

- **الميل Interst.**

وهو نزعة عامة لدى الفرد للانجذاب نحو نوع معين من الأنشطة ومفهوم الميل يعني التعبير عن استجابات نحو موضوع معين قبولاً أو رفضاً وعادة موضوع الميل لا تغلب عليه صفة الجدل ولا الصراع بل تغلب عليه الصفة الشخصية أو الذاتية .

- **مفهوم الاتجاه .**

عرف العالم جوردن ألبورت الاتجاه بأنه حالة من الاستعداد العقلي والعصبي التي تنظم أو تتكون خلال التجربة والخبرة أو عادة يكون موضوع الاتجاه ذا صبغة اجتماعية كأن يكون موضوعاً متجادلاً فيه أو موضع تساؤل أو محل صراع نفسي أو إجتماعي .

- **مفهوم الرغبة .**

هي الشعور بالميل نحو شخص أو عمل أو شئ معين ، وهي لا تنشأ من حالة نقص أو اضطراب كما هو الحال في الحاجة ، وغنما تنشأ عن تفكير وإدراك للأشياء المرغوبة والرغبة تهدف الى إلتماس لذة .

● **الإنفعـــال Emotion :**

وهو من المفاهيم ذات العلاقة بالدافع ، إنـه مـن الأمـور التـي تـدخل ضـمن مكونـات دافعيـة وديناميكية وفاعلية السلوك . والانفعال هو حالة من آثاره تمتاز بقـوة الشـعور والرغبـة في القيـام بعمـل معين ، ينقصه الوضوح ويصاحبه تحرك الدافع فهو يقوي الدافع ويدعمه ويزيد من نشاط الفـرد وحيوتـه ويزيد من قوة احتماله ، ويطيل من مـدى تحملـه ، بحيـث يسـاعد عـلى بـذل طاقـة أكـبر لومـدة أطـول ويتوقف تأثير الانفعال في السلوك على نوعه وشدته أو حدته ومدى طوله أو قصره .

● **مفهوم العاطفة Sentiment :**

وهي تنظيم وجداني ثابت نسبياً ومركب من عدة انفعالات تـدور حـول موضـوع مـا ويصـاحبه نوع من الخبرات السارة أو المكروهة والموضوع المعين الذي تدور حوله هذه الانفعالات قد يكون شـيئاً أو شخصاً أو جماعة أو فكرة (الشيباني ، 1985 : ص 104).

● **مفهوم العادة :**

وهي نمط معين من السلوك المكتسب الذي تعلمه الانسان أثناء حياته وفقاً للظـروف المختلفـة التي يعيش فيها والذي ثبت حول موضوع معين ، ويمكن تفسير العادة بأنها استعداد مكتسـب دائـم لأداء عمل من الأعمال حركياً كان أم عقلياً أم خلقياً بطريقة آلية بوالسرعة والدقة والاقتصاد في الجهود .

● **مفهوم القيمة :**

وهي إحدى محركات السلوك الانساني وموجهاته والعوامـل المـؤثرة فيـه اسـتناداً الى المعتقـدات الدينية والسياسية والفلسفية للفرد ، وهي وثيقة الصلة بالاتجاهات والعـادات والأهـداف والغايـات التـي يسعى اليها الفرد ،

وليست مرادفة لها ، والدوافع لا تلتقي مع القيم إلا اذا تحقق فيها الشرط المعياري وتمشت مع المقاييس الاجتماعية كالخير والجمال والحق .

[الدوافع الفطرية]

وهي الدوافع الأولية التي يولد الفرد مزوداً بها ، وهي حاجات يلزم تحقيقها أو اشباعها لحفظ بقاء الكائن الحي مثل الحاجة الى الغذاء والحاجة الى حفظ النوع (الدافع الجنسيـ) . والملاحظ أن الإنسان يشترك مع الحيوانات العليا في الدوافع الفطرية ذلك لأن مثيراتها عصبية أو غدّية كيماوية وهي تتصل ببقاء الفرد أو بقاء نوعه وتميز هذه الدوافع بما يلي :

- **مميزات الدوافع الفطرية :**

أ) هي دوافع تظهر عند الميلاد سابقة على التعلم (كدافع الجوع ، ودافع العطش).

ب) يشترك الإنسان مع الحيوانات العليا في الدوافع الفطرية (الأولية)   (كدافع الجنس ودافع اللعب) .

ج) ثبات الهدف بالرغم من تغير الأنماط السلوكية المؤدية الى إشباعه .

- **تصنيف الدوافع الفطرية :**

لقد قدم العلماء النفسيون عدة تصنيفات لهذه الدوافع ومنها :

1- دوافع فطرية عضوية - مثل الحاجة الى الإخراج - الحاجة الى الأوكسجين .

2- دوافع فطرية عضوية نفسية - مثل دافع البحث عن الغذاء - الدافع الجنسي .

3- دوافع فطرية نفسية - مثل الميل للخوف والميل للفرح .

4- الغرائز .

● أ) دوافع فطرية عضوية :

● الحاجة الى الإخراج .

وهي من الحاجات الفسيولوجية والتي يشترك فيها الانسان والحيوان ومثيراتها عصبية أو غدّية أو كيماوية ، وهي تتصل بصورة مباشرة ببقاء الفرد . فالطفل عند ميلاده تحركه حاجات فسيولوجية في إخلاء مثانته أو أمعائه حين تتراكم فيها الفضلات وقضاء هذه الحاجات يلازمه مادام حياً ، وقد تتهذب طرق إرضاء هذه الحاجات وتتعدل الى حد كبير عن طريق الأنماط السلوكية التي يكتسبها الفرد من المجتمع ولكنها تبقى حاجة ملحة ملازمة للإنسان والحيوان على السواء .

● الحاجة الى الأوكسجين .

تحتاج الكائنات الحية الى الهواء الذي يزودها بالأوكسجين الذي هو ضروري للحياة لأن بناء الجسم الحي فسيولوجياً يولد مثيرات عصبية وكيماوية تتطلب الحصول الى الأوكسجين ، وان حرمان الكائن الحي من هذه المادة يعرضه الى الموت المحقق ، وهي حاجة تتصل بصورة مباشرة ببقاء الكائن الحي .

● ب) دوافع فطرية عضوية نفسية :

وهي دوافع تشكلها مؤثرات عضوية تؤثر على الحالة النفسية مثل بعض الإعاقات الجسمية (كفقدان العين أو الرجل ... الخ) ، حيث يصبح الفرد عصبياً ميالاً للغضب . أو مؤثرات نفسية تؤثر في الحالات الجسمية مثل التعرض الى الحالات العصبية التي تجعل المعدة تقوم بالافرازات المعوية ، حيث تتقرح المعدة ويصاب الإنسان بعد فترة بمرض القرحة

المعدية . ومن هذه الدوافع دافع اللعب ودافع الجنس ودافع الراحة ودافع العمل ، ودافع البحـث عـن الطعام .

- دافع اللعب .

للعب وظيفة حيوية وهي إعداد الصغار لحيـاة الكبـار وتـدريبهم وتنميـة مـواهبهم وطاقـاتهم ووظائفهم الجسمية والعقلية والانفعالية والاجتماعية المختلفة ، والملاحظ أن الفرد يمـر بعـدة أدوار خـلال نموه ، ولكل دور من أدوار النمو نوع من أنواع اللعب ، فلعب الأطفال في السـنوات الأولى يختلـف عـن اللعب في سن العاشرة وسن المراهقة ويبدو ذلك واضحاً عند جميع الأفراد ، كما أن هناك فرق بين اللعـب من حيث هو دافع وبين اللعب من حيث هو سلوك .

- دافع الجنس .

وهو من أقوى الدوافع لدى الإنسان وأكثرها تأثيراً على سلوكه وصحته النفسية ، فهو يدفعـه الى التـزاوج وبقـاء النوع عـن طريق التكاثر ، ورغـم أن هـذا الـدافع أولي فطري (إلا أنه يتـأثر بالعوامـل الاجتماعية التي تعلب دوراً هاماً في إثارة الشهوة الجنسية وإخمادهـا وتحـدد السـلوك الجنسيـ وتضـبطه وتضمن سواءه أو قد تـؤدي الى الانحراف والشـذوذ) . إلا أن بعض المـؤثرات تعمل عـلى كبت الـدافع الجنسي بالرغم من سلامة الجهاز التناسلي ، ومن هذه المؤثرات العوامل الاجتماعية وفكرة الفرد عن الأمور الجنسية على كونها مستهجنة إجتماعياً مما قد يؤدي الى بعض الانحرافـات كالشـذوذ الجنسيـ ، وهـذا مـا يدفعنا للإشارة الى أن المرحلة الجنسية الطفلية لها تأثير كبير على شخصية الفرد ، لـذلك فإنه مـن واجـب المربين الاهتمام بالتربية الجنسية والعناية بها حيث يمكن أن يتم من خلالها توجيه الدافع الجنسي التوجيه الصحيح عن طريق تزويد الناشئة بالخبرة والمعلومات

الفسيولوجية التي تساعد على الخروج من الأزمات التي يتعرض لها الفرد ، فالتربية الجنسية غير الرشيدة في عهد الطفولة كثيراً ما تؤدي الى تلاشي الرغبة الجنسية أو الى العجز الجنسي ـ التام عند الرجال والنساء منهم فيما بعد وذلك بالرغم من سلامتهم من الناحية الفسيولوجية .

● دافع البحث عن الطعام .

وهو دافع يتواجد عند الكبار والصغار ، والإنسان والحيوان ويظهر بعد الولادة مباشرة وانفعالها الجوع ، فإذا حرم الإنسان من الطعام مدة طويلة فإنه يشعر بألم مصحوب بتقلصات عضلية في جدران المعدة وعلى كيمياء الدم ، فالحاجة الى الطعام ليست دافعاً واحداً بل مجموعة من دوافع نوعية تختلف باختلاف ما ينقص الجسم من مواد غذائية .

ويلاحظ أن العادة والعرف الاجتماعي ونوع الثقافة والحضارة ذات أثر في إثارة الجوع وفي طريقة تنازل الطعام ومقداره ومكانه ومواقيته . فالشعور بالجوع لا يثيره التغير في كيمياء الدم بقدر ما تثيره عادات الجماعات ، كما أن هناك أنماط سلوكية مختلفة في عدد أوقات الطعام أوتناوله أو طريقة الأكل وذلك لأن الطعام هو قيمة رمزية تصاحب الانسان طوال حياته .

● ج) دوافع فطرية نفسية :

وهي دوافع فطرية نفسية يولد الفرد مزوداً بها وتشمل الميل الى الاستطلاع ، ودافع الخوف ، والميل الى الاجتماع ، والميل للفرح ، والميل للغضب .

● الميل للإستطلاع .

وتثيره الأشياء والمواقف والخبرات الجديدة ، وهو يقود الفرد الى استطلاع الشئ أو الموقف وفحصه وبحثه ، فعند دخولك المكان لأول مرة

فأنت تستطلع وتستكشف معالم المكان ، كما أن الطفل يستطلع العالم المحيط به وينتقـل مـن خـبرة الى أخرى ، فهو يمسك بكل ما تصل اليه يده ويسأل عن كل شئ ويشمل هـذا الـدافع عـدة مستويات ومـن هذه المستويات ما يلي .

♣ المستوى المعرفي كالرغبة في المعرفة والفهم والتعلم والتحصيل .

♣ المستوى الحركي مثل الرغبة في تعلم المهارات الحركية كالمشي والتسلق والعوم .

♣ المستوى الانفعالي مثل الرغبة في خبرة المشاعر الجديدة . (زهران 1978 : ص41) .

● الميل للفرح . وإنفعالها السرور وهي مفيدة من الناحية النفسية ، ويقوى هذا الـدافع في الجماعـات ، فالإنسان يضحك وسط جماعة تضحك حتى ولـو لم يفهم موضوع الضحك ويتم ذلك عـن طريق المشاركة الوجدانية .

● الميل للخوف . وتظهر عند شعور الإنسان بالضعف والعجز والحاجة للمعونة ضد شـئ معـين أو عنـد موقف معين ، وإنفعال الخوف الصراخ عند إدراك الخطر والشعور بالعجز عن مجابهته وأغلب مثيرات الخوف أو مسبباته عند الإنسان اكتسبها من البيئة . فالتلميـذ مـثلاً يخاف أحيانـاً مـن أسـتاذه بينما أستاذه لا يثير الخوف في الآخرين ، وللخوف تأثير سيء على الأعصاب والعقل والجسم على السواء .

● الميل الى الإجتماع . يسعى الإنسان للانتماء إلى جماعـة لأنـه كـائن اجتماعـي بـالطبع ولا يستطيع أن يعيش بمعزل عن الجماعة وهو يسعى من ذلك الى حاجته للتقـدير الاجتماعي والقبـول ويـزداد هـذا الميل مع الفرد ويشعر بكيانه الاجتماعي ورغبته في التفاعل والتعاون مع غـيره مـن الأفـراد ، وينطوي الميل الإجتماعي على عواطف متبادلة بين الفرد وبين الآخرين وهـو مـا يسـمى بالعلاقات الاجتماعيـة وللجماعات أثر كبير على

الفرد وسلوكه ، فعندما ينضمّ الفرد الى جماعة ما يجد نفسه يضحي بكثير من مطالبه ورغباته الخاصة في سبيل أن يقبل اجتماعياً فهو يخضع لقوانين وعادات وتقاليد الجماعة ويتطبع بطباع الجماعة ويكتسب اتجاهاتها ويتوحد معها ويتبنى أهدافها .

● دافع الأمن . يرث الإنسان استعداداً عاماً للخوف ويصحب دافع الأمن انفعال الخوف حيث أن الكائن الحي يولد وهو مزود بعدد من الاستعدادات الخاصة بالخوف ، كالخوف من بعض الحيوانات (كالثعبان مثلاً) والخوف من الأصوات العالية المباغتة ، والخوف من الأشياء المؤلمة . وتزداد مثيرات الخوف عن طريق النضج كالخوف من الـلـه ، والخوف من الموت ، والخوف من القانون .. وغير ذلك . وللتأثيرات الاجتماعية أثر كبير في تحوير المثيرات والأنماط السلوكية المختلفة في إشباع هذا الدافع والسلوك الطبيعي المصاحب للخوف هو الاجفال والهروب .

إن للتربية الاجتماعية تأثير كبير على الفرد إذ تجعله يكتسب أنماطاً سلوكية جديدة لإشباع دوافع الأمن وذلك عن طريق التربية الدينية وإطاعة القوانين وغيرها من الأنماط التي تشبع دافع الأمن وتبعد عنا الخوف ويرتبط دافع الأمن بحاجة التقدير الاجتماعي وحاجة الإنتماء وهما حاجتنا مكتسبتان تشبع دافع الأمن .

● د) دافع الغرائز :

الغرائز وهي عبارة عن إستعداد فطري يولد به الفرد للإستجابة بطريقة ميعنة ومحددة ومعقدة أيضا دون أن تكون هناك حاجة الى تعلم أو تدريب أو خبرة مسبقة . وفي عام 1923 جاء وليم مكدوجل زعيم المدرسة التقليدية في الغرائز حيث أقرّ في البداية سبع غرائز أساسية في الإنسان

وهي : (الهروب ، المقاتلة ، حب الاستطلاع ، المشاكسة ، الخضوع ، السيطرة ، الوالدية) ثم اضاف سبع غرائز أخرى هي (البحث عن الطعام ، النفور ، الاستغاثة ، التلمك ، الحل والتركيب ، حب الإجتماع ، الضحك ، الجنسية) ثم أخيراً أضاف غريزة الراحة ، غريزة النوم ، غريزة الهجرة .

ويرى مكدوجل لكل غريزة إنفعالاً خاصاً ، فغريزة المقاتلة انفعالها الغضب وغريزة الهرب انفعالها الخوف .. وهكذا. (جليف ، 1962 : ص 108).

وللغريزة ثلاث مظاهر هي :

♣ مظهر معرفي : وهو إدراك شئ أو أشياء من نوع خاص والالتفات اليها ، والمظهر المعرفي قابـل للتعلم .

مثال: الصوت العالي مثير طبيعي لإنفعال الخوف ولكن قد يتعلم الفرد بالتجربة أن الصوت العالي غير مقترن بالخطر .

♣ مظهر إنفعالي وجداني : وهو الشعور بحالة وجدانية معينة تنشأ من الإدراك والانفعال هـو الـذي يثير غريزة دون أخرى ، كما أنه ثابت مهما تعدل أو تغير الادراك أو المثير للغريزة .

♣ مظهر عملي : أي القيام بعمل خاص نحو الشئ المدرك أو على الأقل الشعور بميل نحو ذلك العمل والنزوع له .

مثال: إذا أستثيرت غريزة المقاتلة ، يستطيع الفردأن يعبر عـن هـذه الغريزة بعـدة طـرق منها تـرويج الشائعات ، تدبير المؤامرات ، السبّ ، الضرب ... الخ ، والمظهر العملي يمكن تعديله بالتعلم والتجربة .

● أقسام الغرائز وانفعالاتها :

قسم مكدوجل الغرائز الى :

1- غرائز فردية وتتلخص في :

♣ غريزة البحث عن الطعام - إنفعالها الجوع .

♣ غريزة التملك - إنفعالها لذة التلمك .

♣ غريزة الاستغاثة - إنفعالها الشعور بالعجز .

♣ غريزة الهرب - إنفعالها الخوف .

♣ غريزة النفور - إنفعالها الإشمئزاز .

♣ غريزة الضحك - إنفعالها الشعور بالمرح والتسلية .

♣ غريزة الحل والتركيب - إنفعالها لذة الإبتكار وهل تتصل بغريزة الاستطلاع .

2- غرائز إجتماعية :

♣ الغريزة الجنسية - إنفعالها الشهوة .

♣ الغريزة الوالدية - إنفعالها الحنو وترتبط بالغريزة الجنسية .

♣ غريزة السيطرة - إنفعالها الزهو .

♣ غريزة الخنوع - إنفعالها الشعور بالنقص (وهي عكس غريزة السيطرة).

♣ غريزة المقاتلة - إنفعالها الغضب .

♣ غريزة التجمع - إنفعالها الشعور بالوحدة .

● **تحور الدوافع الفطرية :**

من الملاحظ أن الدوافع تتهذب وتتحور من ناحية المثيرات فتكتسب مثيرات جديدة ، فمثلاً قـد تقبل على الطعام وأنت غير جائع لمجرد أنه حان موعد الطعام ، وهنا نلاحظ ان المثير هـو موعـد الطعام وليس إحساسك بالجوع ، وقد يتحور السلوك الصادر من الدوافع الفطرية فطريقة إرضاء الـدافع تختلف من مجتمع لآخر حسب حضارته ، وقد يشبع الدافع بطريقة

سلوكية لا يقبلها المجتمع ، فدافع جمع المال قد يشبع بطريقة الإختلاس أو قد يشبع دافع الجنس بطريقة سلوكية شادة منحرفة . وكل سلوك يرفضه المجتمع يصبح سلوكاً شاذاً منبوذاً ، وعلى العكس قد يشبع الدافع بطريقة مقبولة يرضاها المجتمع وينظر لها بالتقدير والاحترام ، فمثلاً إشباع دافع الاستطلاع وتحويره الى سلوك البحث العلمي ، وإشباع دافع المقاتلة يتم تحويره عن طريق استجابات مقبولة اجتماعياً كالسخرية أو الهجاء بدلاً من الإقتتال .

وقد تتحول الدوافع الفطرية عن طريقة تخصص أهدافها كأن يفضل الفرد أنواع معينة من الطعام لسد جوعه ، كما أن كثير من الدوافع الفطرية تتحول الى عادات كمواعيد تناول الطعام ومواعيد النوم وذلك عن طريق إرضاء دافع الجوع أو دافع الراحة في أوقات معينة .

● قياس الدوافع الفطرية :

نظراً للتطور الحاصل في علم النفس وظهور علم النفس التجريبي في الدراسات النفسية تمكن العلماء من قياس الدوافع الفطرية (الأولية) ، ولقد اعتمدت عدة تجارب لذلك لكننا إخترنا هذه التجربة لتوضيح ذلك .

- ♦ تجربة لتفسير طبيعة الدوافع وقياس شدتها .

كان العالم الأمريكي (واردن) قد أجرى تجربة بسيطة وضح فيها كيفية التعرف على طبيعة الدافع وقياس شدته ، حيث جاء بصندوق خشبي مقسماً الى حجرات ويتكون من الحجرة (أ) والحجرة (ج) ويصل بينهما الممر (ب) وبه أسلاك كهربائية تحدث صدمة كهربائية كلما أراد الباحث ذلك وفي نهاية الحجرة (ج) توجد حجرة صغيرة (د) لوضع الطعام مثلاً ، وسمي هذا الصندوق بصندوق الإعاقة . (مصدر سابق : ص 37) .

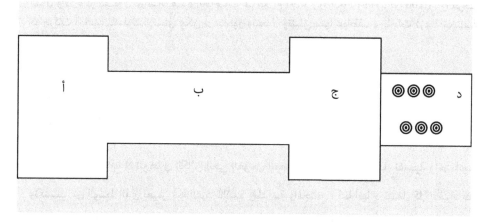

تجربة لتفسير طبيعة الدافع وقياس شدتها

(صندوق الأعاقة)

حيث بدأ الباحث يجري التجربة على فأر جائع ، درّبه أولاً على اجتياز الممـر للوصـول الى الطعـام ، الفـأر جائع والطعام في مكانه يريد الوصول اليه فيصدمه التيار الكهربائي فيرتد للخلف دون أن يشبع حاجته من الطعام فيدفعه الجوع الى تكرار المحاولة فيصدم ثانية ويعود وهكذا ..

وقد تبين من التجربة أنه كلما كان الدافع قوياً ، كانت المحاولات متعددة . وقد طبقت التجربـة على دوافع متعددة فاتضح أن أقوى الـدوافع وأشـدها هـو دافـع الأمومـة ويليـه دافـع العطـش فالجوع فالجنس فالإستطلاع فانعدام الدافع .

[الدوافع المكتسبة]

تمهيد ..

تشير بعض الكتب الى الدوافع المكتسبة بإسـم الـدوافع الثانويـة أو الـدوافع الاجتماعيـة وهـي الدوافع التي يكتسبها الفرد نتيجة للمواقف والخبرات والتعلم المقصود وغـير المقصود أثنـاء تفاعلـه مـع البيئة المحيطة به ، وللدوافع المكتسبة صلة بالدوافع الفسيولوجية الفطرية وقد تنبثق من

الدوافع الفطرية ، فالحاجة الى المال والادخار ليست حاجة فطرية لكنها ترتبط بالحاجات الفطرية لأن المال والادخار كفيلان بإرضاء هذه الحاجات عاجلاً أم آجلاً (راجح ، 1991 : ص 100) . والغرائز كمحركات أساسية للسلوك الإنساني يمكن أن تتحوّر وتتعدل وتنبثق منها عواطف وحاجات فرعية مختلفة .

● **تصنيف الدوافع المكتسبة :**

وهي دوافع لا تثيرها في الكائن الحي العوامل العضوية ، بل تثيرها عوامل نفسية وإجتماعية وتكتسب من الوسط الذي يعيش فيه الفرد كالأسرة والمدرسة والمجتمع ، كما أنها لا تشمل كل الأفراد بل هي فردية تختلف باختلاف الأفراد كما تختلف باختلاف المجتمعات ولذلك لا يمكن حصرها أو تحديدها ، وإنما يمكن تعديلها وتغييرها حسب الظروف التي أدت الى تكوينها ، وينصبّ التعديل بشكل كبير على الجانب السلوكي (النزوعي) ، فمن الممكن مراقبة سلوك الفرد عند إشباع هذه الدوافع وتعديل سلوكه ، فمثلاً لا يصح أن نطلق الحربة للطفل حتى يشبع دافع التملك بغير حدود ، وإلا اتجه الى الإعتداء على ممتلكات الآخرين . كما أنه من الصعب قياس قوة هذه الوافع لمعرفة أقواها ذلك لأن الدافع المكتسب قد يكون قوياً عند فرد وضعيف عند فرد آخر ، أو قوياً في مجتمع وضعيف في مجتمع آخر . وهذا يعني أنها تنمو نتيجة التفاعلات الاجتماعية (البيئية) ، وقد نجد هذه الدوافع في كثير من المجتمعات ظاهرة ومهيمنة ، وتنمو الدوافع المكتسبة بصورة عامة نتيجة للثواب أو العقاب الاجتماعي فهي تتضمن أحوال دافعه مثل الحاجة الى التواد والحاجة الى الإنجاز ، والحاجة الى الإنتماء ، والحاجة للتخلص من القلق وهي حاجات ليست ضرورية للبقاء ، وليست

فطرية ، ومع ذلك فهي محددات للسلوك . وهذا يعني أن الدوافع المكتسبة تتأثر بتفاعل الفرد مع البيئة والظروف الاجتماعية المختلفة والتي يكتسبها الفرد مـن خـلال معايشـته للمواقـف الحياتيـة التـي تقابلـه خلال مسيرة حياته وهذا ما دفع علماء النفس الى تقسيمها الى ثلاث مجموعات كالتالي :

1- دوافع مكتسبة عامة - مثل الحاجة الى الإنتماء ، الحاجة الى التواد ، الحاجة الى السيطرة .

2- دوافع مكتسبة حضارية - مثل دافع التملك .

3- دوافع مكتسبة خاصة - مثل الميول والإتجاهات النفسية .

● **الدوافع المكتسبة العامة :**

وهي التي تضبط السلوك الإجتماعي وهي متعلمة مـن المحـيط الـذي يعـيش فيـه الفـرد مثـل الحاجة الى الإنتماء الى جماعة ، والحاجة الى المشاركة الإجتماعية، والتفاعل الإجتماعي ، والحاجـة الى إثـارة الإنتباه والحاجة الى الأمن ، والحاجة الى التقدير والميل الى السيطرة ، وسنتناول بعض هذه الحاجات ومنهـا :

◆ الحاجة الى الإنتماء .

الأسرة هي البيئة الأولى التي تتيح فرصة لإرضاء الحاجات النفسية للفرد ، فلـو قـدّر للإنسـان أن يعيش في أسرة تستطيع إرضاء حاجاته لكان سلوك هذا الفرد واتجاهاته نحو الجماعات التـي سيصبح عضواً فيها فيما بعد سلوكاً مرضياً لنفسه وللجماعة . فالإنسان يسعى الى الإنتماء الى الجماعة لأنه كائن اجتماعـي بالطبع لا يستطيع أن يعيش بمعزل عن الجماعة وهو يلتمس في الجماعة إشباع حاجته الى الإنتماء وحاجته الى التقدير والقبول والاحترام والمكانة الإجتماعية ، ويتضح الميل الى الإجتماع وينشأ نتيجة

لتفاعل الفرد مع الأفراد الآخرين في المجتمع على مستوياته المختلفة ، ويزداد هذا الدافع أو هذا الميل مع الفرد وهو ينمو ويزداد شعوره بكيانه الإجتماعي وبرغبته في التفاعل والتعاون مع غيره من الأفراد .

والميل الى الإجتماع ينطوي على عواطف نحو الأفراد الآخرين من سماتها أنها توسع العلاقات الإجتماعية للفرد وتشبع الجماعات دافعاً قوياً عند الفرد وهذا الدافع يبلغ من القوة أنه يستطيع أن يعدل كثيراً من سلوك الفرد ، فعندما ينضمّ الفرد الى جماعة ما سيجد نفسه في كثيراً من الأحيان مضطراً الى التنازل عن بعض من مطالبه ورغباته في سبيل الحصول على الرضا والقبول الإجتماعي الذي يدفع الى التطبيع الاجتماعي ، أي أن يأخذ أفراد الجماعة كلهم طابعاً واحداً ويكتسبوا الاتجاهات العامة ويضاف الى هذا الميل التوحد مع الجماعة التي يتبنى الفرد أهدافها واتجاهاتها ومعاييرها حيث يرى الفرد أن الجماعة هي إمتداد لنفسه .

◆ الحاجة الى السيطرة .

وهي تشبع عن طريق توجيه سلوك الآخرين ، وقد يتم ذلك بالاقناع أو الإيحاء أو الأمر أو بعض الوسائل الأخرى . وبغض النظر عن استخدام أي وسيلة فإن التحكم الناجح في استجابات الآخرين يكون بمثابة الهدف المنشود .

◆ الحاجة الى التواد .

وهي من الحاجات الإجتماعية المهمة والمتعلمة وتتمثل حاجة الفرد لأن يفضي ببعض ما لديه للآخرين من خلال الصداقة الإجتماعية ، أو الاختلاط بالآخرين ، أو عضوية الجماعة ، وترتبط هذه الحاجة (التواد)

بدافع الاعتماد بصورة كبيرة بمعنى التعويل على الآخرين والثقة بهم ويلاحظ أن كل من الحاجة الى التواد أو دافع الإعتماد يرتبطان بالأنماط السلوكية الأخرى المتضمنة ردود الفعل تجاه القلق أو المواقف الاختبارية التي يجتازها الفرد .

مثال: لوحظ في إحدى الدراسات التي أجريت على طلاب جامعيون في حالة انتظارهم تلقي صدمة كهربائية ، أن الطلاب أثناء فترة الانتظار ظهرت عليهم دلائل أو أمارات القلق ميلاً ملحوظاً في تفضيل الإنتظار مع الآخرين أكثر من تفضيل الانتظار بمفردهم ، وبصورة جلية ، فإن الحاجة الى التواد تنمو كلما نمت الحاجة الى تخفيف القلق (أرنوف ، 1995 : ص 125) .

● **دوافع مكتسبة حضارية .**

الدوافع المكتسبة تنمو نتيجة للتفاعلات الإجتماعية البيئية فقد نجد هذه الدوافع في كثير من المجتمعات ظاهرة مهيمنة ، وفي مجتمعات أخرى لا وضوح لها فهي تختلف باختلاف المجتمعات حضارياً وثقافياً ، ومن هذه الدوافع المكتسبة ما يلي :

◆ **دوافع التملك .**

ونعني به الميل أو الرغبة في الامتلاك الشخصي والحصول على أشياء أو خبرات مفيدة كالثروة والممتلكات . فلقد أثبتت الدراسات الأنثروبولوجية أن هذا الدافع مكتسب وليس فطرياً ، فكثير من القبائل البدائية ينعدم وجود مثل هذا الدافع . فقبائل غينيا الجديدة تعتقد أن الأرض ملك للشياطين ، وبعض القبائل الأسترالية لا تؤمن بملكية الأرض بسبب

ندرة الخبرات ، بينما لا تؤمن قبائل الشيلوك في أفريقيا بالملكية الفردية بسبب وفرة الخبرات . هذه الأمثلة تؤكد أن دوافع التملك ليس فطرياً كما ذهبت الى ذلك الرأسمالية ، بل هو دافع مكتسب بدليل شيوعية التملك في القبائل المذكورة ، إما لسبب ميتافيزيقي أو لسبب اقتصادي هو ندرة الخبرات أو وفرتها . (أحمد ، الغزالي : ص 40) .

ودافع التملك ناتج من تأثير الحضارات على الأفراد ، والظروف الإجتماعية التي تنعكس على الأفراد ، كالفرد الذي يعيش في مجتمع رأسمالي يقدس الملكية الفردية ويكون دافع التملك عنده قوياً لأن التملك في مثل هذا المجتمع يحدد مركز الفرد الإجتماعي .

● **دوافع مكتسبة خاصة .**

وهي ما يميز الفرد عن الفرد الآخر أو الأفراد الآخرين في نفس الحضارة أو حضارات مختلفة في نفس المجتمع أو في مجتمعات أخرى . كالميول ، فالفرد في ميله يختلف عن الآخر واتجاهه يختلف عن إتجاه الفرد الآخر ، وسنتناول هنا فقط تعريف الميول والاتجاهات نظراً لأننا سنفرد لها فصولاً خاصة .

◆ **الميل .**

الميل هو المجموع الكلي لإستجابات القبول التي يبذلها الفرد إزاء مجموعة من أساليب النشاط التي تميز مهنة معينة كما تقاس باختبارات الميول المهنية .

كما يمكن القول أن الميل ((هو استجابة قبول تجاه موضوع خارجي معين)) (قرفال ، البناني ، 1996 : ص 34) . والميل يدفع الأفراد الى الإقبال

على العمل برغبة كبيرة . وتنمو الميول بشكل كبير خلال فترة المراهقة وتتبلور في سن الثامنة عشر وتسـتقر في سن الواحد والعشرون .

◆ الإتجاه .

وهو عبارة عن استجابات تقويمية متعلمة إزاء الموضوعات أو الأحداث أو غير ذلك من المثيرات (أرنوف ، 1995 : ص 325) والإتجاه استجابة تقويمية متعلمة لمثير ما ، ذلك لأن للإتجاه مكونات مختلفة تتحد فيما بينها لتكون الاستجابة النهائية الشاملة التي قد يتخذها الفرد إزاء مثير معين . والمكونـات أنـواع وهي المكون العاطفي والمكون المعرفي والمكون النزوعي .

الفصل السادس

الإنفعــــالات Disturbances

- تمهيـــد .

- تعريف الإنفعال .

- أبعاد الإنفعـــال .

- أنواع الانفعــــالات .

- التعبير عن الانفعالات .

- التغيرات المصاحبة للانفعالات .

- آثــار الانفعــــالات .

تمهيد ..

كثيراً ما نسمع فلان شخص سريع الانفعال ، وقد نتساءل ماذا تعني كلمة الانفعال . ولكن علماء النفس يشيرون الى أن الانفعال حالة مركبة للكائن الحي ، وتتصف بصورة عامة بحالة بارزة من الإثارة والمشاعر الشخصية ، فالانفعالات هنا تعني شعوراً نفسياً معيناً يتزامن مع تغيرات نفسية أو جسمية للفرد ويكون هذا الشعور إما ايجابياً أي يكون انفعالاً ساراً أو سلبياً ويكون انفعالاً غير سار . وتحدث هذه الانفعالات عادة أثناء اندماج الفرد في مناشط حياته المختلفة وأثناء تعرضه لمثيرات من شأنها أن تظهر مثل هذه الانفعالات . وبمعنى آخر الانفعال حالة وجدانية مفاجئة تسودها الاستثارة والاضطراب ، وتسبقها حالة من السكون والانتظام في الحالة الشعورية للكائن الحي ، فالانفعال تغير مفاجئ أو وجداني ثائر يصيب الكائن الحي وتبدو أُثاره على سلوك الفرد الخارجي .

* **تعريف الانفعال :**

يختلف الباحثون في الأهمية في تعريف الانفعال ، ومن هذه التعاريف ما يلي :

1) الإنفعال هو حالة من الاضطراب المصحوب بزيادة في النشاط والتي تعتري الكائن في لحظة ما ، ولهذه الحالة مصاحبات شعورية وسلوكية وفيزيولوجية في لحظة ما . (عويضه ، 1996 : ص 190) .

2) الإنفعال حالة وجدانية تسودها الاستثارة والاضطراب ، وتسبقها حالة من السكون والانتظام في الحالة الشعورية للكائن الحي . (أحمد . الغزالي : ص 45).

3) الإنفعال شعور نفسي معين يتزامن مع تغيرات نفسية أو جسمية للفرد ويكون الشعور إما ايجابي أو سلبي .

4) الانفعال حالة من الاهتياج العام تتوضح في شعور الفرد وجسمه وسلوكه ولها القدرة على تحفيزه على النشاط .

* أبعاد الانفعال .

هناك أربعة أبعاد أساسية يمكن أن توفر اسلوباً أو إطاراً مناسباً لوصف الانفعال ومن هذه الأبعاد .

1- البعد الوجداني Affectivetore

إن القيمة الوجدانية للانفعال هو إدراك الانفعال بكونه إنفعالاً ساراً أو غير سار ، فالانفعال يولد القوة الدافعية للإنفعال فإذا كان الانفعال سار فإنه يؤثر على الفرد ويدفعه الى تحقيق هذا العمل ، بينما إذا كان الانفعال غير سار فهذا يؤدي الى ابتعاد أو تجنب ما يؤدي اليه هذا العمل .

2- الشدة Intensity

يمكن أن تظهر الشدة في أي جانب من جوانب الانفعال الثلاثة وهي الشعور أو الوعي والسلوك ، والتغيرات الفسيولوجية ، والواقع أن الانفعال لا يكشف عن درجة شدته في الثلاث جوانب بنفس الوضوح . فالتلميذ الذي يتعرض الى إهانة أستاذه يشعر بغضب شديد ، وجسمه يغلي من الغضب (أي حدوث تغيرات فيزيولوجية حادة) ولكنه لا يتخذ رد فعل بل يبدي خجلاً ولا يعبر عن هذا الانفعال .

3- الاستمرارية .

تختلف الاستجابات الانفعالية في درجة استمراريتها فهناك الانفعال العابر (مثل الألم الذي تثيره شكة دبوس) وهناك من الانفعالات ما يبقى لمدة طويلة وربما نتائجها قد تكون دائمة . والانفعالات الطويلة الأمد هي :

أ) المزاج Mood - وهو الطبيعة الوجدانية العامة للفرد كما تحددها وراثته وتكوينه الفسيولوجي وتاريخ حياته وتتوضح في درجة تأثر الفرد بالمواقف التي تثير الانفعال ، ونوع الاستجابة الانفعالية وثبات حالة الفرد المزاجية وأخيراً الحالة المزاجية الغالبة على الفرد .

ب) الخلق Temperament

وهو حالة وجدانية مزاجي معينة لفترة طويلة بحيث تصبح مزمنة وتشكل هذه الحالة سمات تحدد شخصية الفرد .

4- التركيب Complexity

إن درجة إثارة الانفعال تتوقف على درجة تركيب هذا الانفعال ، فقد يتعامل الفرد مع رافد انفعالي واحد أو مع عدة روافد انفعالية تتفاعل معاً لتنتج الانفعال وقد يكون الانفعال الظاهر غير بسيط .

● أنواع الانفعالات :

تستطيع أن تميز نوعان من الانفعالات حسب المصادر الأساسية للانفعال وهي :

1- الانفعالات الموقفية .

وتقسم هذه الانفعالات الى :

أ) التأثير الحسي المباشر   ب) الانفعالات الأولية

أ) التأثير الحسي المباشر .

تعد استجابة الألم مثال على الحس بالاستجابة الانفعالية ، فأي منبه شديد قد يؤدي الى إصابة في بناء الانسجة الجسمية مما يؤدي الى استثارة استجابة ألم (التعرض الى جرح صغير في اليد مثلاً) وقد تؤدي استجابة

الألم الى غضب أو خوف أو انسحاب ويعتمد هذا على طبيعة الموقف وإدراك الفرد للموقف .

ب) الإنفعالات الأولية :

تستثار الانفعالات عن طريق ما يدركه الفرد من المنبهات وفي ضوء دوافعه وأهدافه المختلفة وتستطيع أن تميز أربعة أنماط من الاستجابة الانفعالية الأولية وهي :

1. السعادة - وهي ما ينتج عن اشباع لدافع أو دوافع معينة ، وكلما كان الاشباع كاملاً ومناسباً كلما شعر الفرد بسعادة زائدة .

2. الحزن - وينشأ عن فقدان هدف مرغوب ، أو ضياع شئ عزيز وقد يتحول الى الحزن الشديد أو الاكتئاب الذي يتسم بانخفاض شديد في مستوى النشاط الجسمي الظاهر والميل الى التعلق بما فقد .

3. الخوف Fear - هو إستجابة واعية لخطر حقيقي أو متخيل ، ومن أهم ما يميز الخوف أن الفرد غير قادر على دفع ذلك الخطر الواقعي أو المتخيل ، وانفعال الخوف هو أساس دافع الهرب .

4. الغضب Anger - عادة ما يكون الموقف الذي يستثير الغضب هو الموقف الذي يتعطل فيه نشاط هادف يقوم به الفرد ، ويتوقف شعورنا في مثل هذا الموقف بالغضب أو الخوف على إدراكنا للموقف وعلى طبيعة المنبه الذي يؤدي الى تعطيل السلوك .

2- الانفعالات الإجتماعية :

حيث أن هناك تداخل واضح بين الانفعالات الاجتماعية الموقفية ، فكل الانفعالات الاجتماعية تتضمن مواقف وتتوقف التفرقة بين ما هو إجتماعي وما هو موقفي على ما اذا كانت الاستجابة تتركز على شخص أو أشخاص بعينهم أو على الموقف ، وتنقسم الانفعالات الاجتماعية الى :

أ) إنفعالات متعلقة بتقدير الفرد لذاته .

ب) إنفعالات تتضمن تفاعلاً مع الآخرين .

أ) إنفعالات متعلقة بتقدير الفرد لذاته .

❶ الشعور بالفخار في مقابل الشعور بالحزن .

هناك عوامل شخصية واجتماعية تحدد درجة التقدير التي نضعها لأنفسنا وهي نتيجة للتفاعل المركب بين سماتنا الشخصية ودوافعنا وقدراتنا الحقيقية ، بالاضافة الى المعايير التي يضعها المجتمع في مجالات الحياة العديدة كالمستوى الاقتصادي أو التحصيل الدراسي ... الخ . فالبيئة الاجتماعية تحدد لنا ما يتوقعه المجتمع منا من إنجازات . فبناء القيم يجب أن يكون متسقاً مع البناء القيمي العام فما هو مقبول من المجتمع ينظر له بعين الرضا والقبول وما هو مرفوض إجتماعياً ينظر له نظرة نفور . ولعل أهم ما يحدد درجة التقدير التي يكنها الفرد لنفسه هو مستوى طموحه حيث يمكن المقارنة بين حجم الانجاز الدراسي أو الاقتصادي المتحقق فعلاً وبين حجم الإنجاز الذي يحده مستوى الطموح لدى الفرد هي من أهم محددات ما اذا كان الفرد يشعر بالفخر والعز أو يشعر بالخجل والخزي .

❷ الشعور بالذنب والندم .

تمثل العقيدة الدينية أهم مصدر للمبادئ الخلقية التي تنتهك ويسبب الشعور بأنتهاكها شعوراً بالذنب ، والأب الصارم في أخلاقه والذي تحكمه مبادئه حيث يوقع على أفراد أسرته هذا الاطار الأخلاقي ، يعتبر التخلي عن بعض هذه الاخلاق أو مخالفتها مصدراً هاماً من مصادر الشعور بالذنب ، والشعور بالذنب هو استجابة انفعالية مباشرة ومحددة لموقف يقوم فيه الشخص بانتهاك مبدأ أخلاقي . أما الندم فهو جانب واضح صريح من الشعور بالذنب .

ب) إنفعالات تتضمن تفاعلاً مع الآخرين .

1. الحب والكراهية Interpersonal emotion

الحب ارتباط انفعالي شديد بأفراد آخرين وله عدة أنواع كالحب الأبوي وحب الوطن والحب الأسري ... الخ .

أمّا الكره فهو نفور انفعالي شديد من أفراد آخرين ويتداخل مع موجات متفاوتة من الغضب أو الخوف ، ويميل الحب والكراهية بشكل عام الى أن يكونا انفعاليين شبه مستديمين ولهذا فهما يتراوحان بين الزيادة والنقص عبر الوقت ، وعادة يترتبط بوجود أو غياب الأفراد الآخرين المقصودين بالحب أو الكره .

*** التعبير عن الانفعالات .**

الإنفعال حدث داخلي ، ولكنه قد يثير ويوضح مظهراً خارجياً يدل عليه وتتنوع هذه الاستجابات الخارجية معتمدة على عدد من العوامل التي تتضمن شكل التعبير والخبرة السابقة والعمر الزمني للفرد .

* شكل التعبير .

قد تظهر أنماط استجابة عديدة عن الانفعالات ، تتوضح في السلوك الملاحظ والمؤثرات الفسيولوجية ، والمعلومات عن طبيعة الانفعال الذي يخبرنا به الفرد - وقد تظهر تناقضات سلوكية على الفرد كأن يظهر نمط من الفعل اللفظي في حين نرى جلسته وتحريك رجليه واشارات يديه هي بعض من ردود أفعاله عن بعض انفعالاته .

* الخبرة السابقة .

الخبرة السابقة هي عامل مهم في التعبير عن الانفعالات ، فالمجتمع أو الجماعة تنمي ردود فعل نمطية مناسبة للعديد من المواقف المثيرة

للانفعال . فالاستجابات تختلف من جماعة الى أخرى ولكن هناك ردود أفعال عامة كالابتسام عند السرور أو البكاء عند الحزن .

* الاختلافات في العمر الزمني .

الخبرات الانفعالية التي يمر بها الفرد تتراكم بحيث تؤدي الى تغيرات في استجابته مندرجة خلال مراحل عمره الزمني ، وكلما نما الفرد كان أميل الى إظهار قيود أكثر وضبط أعظم في التعبير عن الانفعالات ويواكب ذلك الميل في التعبير عن الانفعالات بصورة لفظية أكبر من التعبير عنها بصورة جسمية بالاضافة الى أنه كلما تدرج الفرد في عمره الزمني كان من المتوقع أن يظهر حالات انفعالية متزايدة من حيث التعقيد والتمييز .

*** التغيرات المصاحبة للإنفعالات .**

يصاحب الانفعال تعيرات بعضها جسمية والبعض الآخر نفسية .

❶ التغيرات الجسمية .

وهي نوعان داخلية وخارجية .

أ) التغيرات الجسمية الخارجية - ويمكن ملاحظتها على الوجه والأطراف وتعطي مظاهر السرور أو الحزن أو الألم ... الخ .

ولكل انفعال ملامح مميزة وطابع خاص . فمثلاً في حالة الغضب يحمرّ الوجه وتجحظ العينان ، أما في حالة الخوف يتغير لون الوجه ويصبح أصفر وترتجف وترتعد الأوصال . والملاحظ أن الكبار قد يستطيعون التحكم في انفعالاتهم بفضل ما اكتسبوه من خبرة ، أما الأطفال فانفعالاتهم تظهر تلقائياً ولا يستطيعون التحكم فيها .

ب) التغيرات الجسمية الداخلية ، وهي غير إرادية ودور الاكتساب فيها معدوم أو قليل جداً وتتمثل هذه التغيرات في :

♣ ضغط الدم واضطرابات الدورة الدموية ، وذلك عند تعرض الفرد الى حالة تنبه أثناء الانفعال تؤدي الى ارتفاع ضغط الدم ارتفاعاً معيناً وحسب نوع الانفعال ، فمثلاً في حالة الفرح يختلف عنه في حالة الغضب أو الحزن أو الخجل .

♣ إضطراب الجهاز التنفسي ، الإنفعال يؤدي الى تغير في التنفس فإذا تعرض الفرد الى سماع صوت انفجار مفاجئ شعر بانقطاع نفسه وتوقف ضربات قلبه لحظة من الزمن ، يتبعها سرعة في التنفس وزيادة في ضربات القلب .

♣ إضطرابات إفراز الغدد الصماء ، توجد في الجسم سوائل تفرزها غدد في الدم مباشرة وتعرف هذه الغدد الصماء وتأثير افرازاتها يشمل الجسم كله فتؤثر في غدده وعضلاته ، وبعض الغدد يساعد على النشاط والحيوية وبعضها يؤدي الى الخمول . وعندما تتوازن هذه الافرازات تتوازن الحياة العقلية والانفعالية للفرد وإذا اختلت الافرازات اضطربت الشخصية .

♣ التأثير على نشاط الدماغ ، حيث أظهرت التجارب أن الانفعال يؤدي الى اختفاء موجات (ألفا) وظهور موجات (دلتا) وهي موجات بطيئة تظهر في حالة الانفعال ويدل ذلك على ارتداد سلوك الفرد الى الحالة البدائية وهو أقرب الى المرض منه الى الصحة .

2- التغيرات النفسية .

الإنفعال يؤدي الى إصابة الفرد المنفعل بضيق مساحة الشعور واقتصاره على أمور محددة ، ذلك أنه في حالة الانفعال يصبح الفرد لا يرى ولا يسمع إلا ما له علاقة بالهدف الذي يرمي إليه الانفعال .

● آثار الانفعالات .

تؤثر الانفعالات بشكل واضح على سلوك الفرد إذ يبلغ أحياناً مرحلة المرض النفسيـ والجسـمي ولها تأثير على بناء صحة الجسم والنفس كأثر الإنفعال في الصحة وأثر الانفعال في الأمراض الجسدية .

♣ أثر الانفعال في الصحة :

إن الانفعال السار المعتدل يمنح الجسم حيوية ونشاطاً أمـا إذا كان عنيف فإنها تهـز الجسـم وتعجزه عن إحتمال آثار هذا الانفعال (كالموت ضحكاً) والعكس صحيح ، فالحزن الشـديد قد يعجز الانسان عن احتماله فيؤدي بالفرد الى الموت .

كما أن الانفعال الشديد يؤثر في العمليات العقلية فالانفعال القـوي يـؤدي الى إخـتلال التفكـير وتؤدي الى اضطراب السلوك وكثيراً ما يوصف الغضب الشديد بالجنون المؤقت حيث يتصرف الفرد تصرفاً غير متزن وغير مترابط في أفكاره وألفاظه ، وأن تكرار الحالات الانفعالية السارة تنشط وتدعم مخيلة الفرد مما يؤدي الى ابتكارات واختراعات ، أما اذا تكرر الانفعال غير السار فهو يؤدي الى ضعف الـذاكرة واهتـزاز الشخصية.

♣ أثر الانفعال في الأمراض الجسدية .

تؤكد بعض الابحاث أن للإنفعال المتكرر صـلة في الأمراض المزمنة كإضـطرابات جهـاز الهضم واضطرابات التنفس ، وضغط الدم ، وقرحة المعدة .

♣ أثر الانفعال في الأمراض النفسية .

إن الانفعال المتكرر يـؤدي الى المرض النفسيـ فهنـاك تشـابه بـين أعـراض الانفعال وبـين بعض الأمراض النفسية مثل ازدياد قابلية الفرد للإيحاء أو الاستهواء سواء كان هذا الاستهواء ذاتي نابع مـن الفرد أو صادر

من الآخرين مثل انكماش ساحة الشعور . والملاحظ أن المرض النفسي- يؤثر في الانفعال ذلك لأن الفرد المريض نفسياً لا يستطيع التحكم في فترة دوام الانفعال أو يمنعه ويخفف من آثاره.

الفصل السابع

الميـــول والعـواطــف

● الميـــول .

- تمهيـــد .

- تعريف الميول .

- قياس الميـول .

- إختبار الميول (كيودر) .

- الثبات والصدق في إختبار كيودر .

- نقد إختبارات الميول وتقويمها .

● العواطف .

- تعريف العواطف .

- خصائص العواطف .

- مكونات العواطف .

- نشأ' وتطور العواطف .

- أصناف العواطف .

[الميــــول]

تمهيد ..

كما إختلف الأفراد في الذكاء وفي القدرات والاستعدادات ، فإنهم أيضاً يختلفون في الميـول . فمـن الملاحظ أن بعض الأفراد لهم قدرة على القيام بعمل ما ولكنهم لا ينجحـون بـه لعـدم ميلهم لـه . كـما أن هناك الكثير ممن يحمل الشهادات الجامعية وفي تخصصات مختلفـة غـير أنهـم لا يعملـون في تخصصهم لعدم رغبتهم به ، وذلك دليل على أنهم وقعوا تحت مؤشرات القبـول في الجامعـات التـي جاءت مغـايرة لرغباتهم وبالتالي أرغموا على هذه الدراسات التي لم يكونوا يميلون لها .

وقد إهتمت الدراسات النفسية بالميول نظراً لارتباطها الوثيـق بالإقبـال عـلى نـواحي النشـاط في مجالات الدراسة والعمل ، بل وفيما يتجه اليه الأفراد من أنواع النشاط في أوقـات فـراغهم ومـا يفضلـونه . ومنذ بداية التوجيه والارشاد النفسي أصبح من الواضح أنه لا يمكن الاعتماد على التعبير اللفظـي عـن ميـل الفرد فقد يخشى ألا يكون لهذا الميل أي أساس راسخ من الخبرة ، فغالباً ما تـنبع هـذه الميـول مـن رغبـات غير واقعية.

فالبحث عن حقيقة ميول الأفراد ومراعاة هذه الميول لمساعدتهم في القيام بإختيار مهني حكيم (الشيخ . جابر ، 1964 : 487) لهذا تعتبر اختبارات الميول كإستفتاء أو إستبيان مطـول يسـتخدم إسـلوب التقرير الذاتي الذي يهدف الى الحصول على معلومات عن جانب من جوانب الشخصية وذلك بـأن يجعـل الشخص يصف خصائصه ومميزاته الذاتية (أبوحطب وعثمان ، 1987 : 485) .

● تعريف الميول Interest

إن بعض القوى الداخلية في الفرد تعمل عمل الدافع أيضاً في تحريك السلوك وتوجيهه ، ومن هذه القوى الميل . ويمكن أن يعرف الميل أو يفسر بما يلي:

1. الميول هي الاستجابة لرغبة في شئ أو الاستجابة لعدم الرغبة فيه (أدورد سترونج)

2. الميل - هو إنتقال الحاجة الى حالة مركبة أو إتجاه نحو الموضوع الذي يلبي هذه الحاجة .

3. الميل - إتجاه نفسي له صبغة وجدانية تدفعنا الى النشاط والعمل .

4. الميل - هو نزعة سلوكية عامة لدى الأفراد للانجذاب نحو نوع معين من الأنشطة (قرفال . البناني ، 1996 : ص 34) .

يميل كثير من الناس الى حصر موضوعات الميول على الأشياء والأشخاص كالميل الى مهنة أو صديق أو نشاط رياضي ، وتختلف الميول بإختلاف :

أ) السن - فاللأطفال ميول تختلف عن ميول الكبار .

ب) الجنس - ذلك أن الذكور أكثر ميلاً للعنف من البنات .

ج) البيئة والحضارة - فهناك من يهتم بالبيئة الطبيعية ودراستها أو المغامرات والاكتشاف ، وهناك من يهتم بالفنون قديماً وحديثاً ويبحث عنها ويجمع بعض القطع منها ، ويقرأ الكثير عما يهمه وميل اليه .

● قياس الميول .

ظهرت حديثاً عدة إختبارات موضوعية Objective تستقصي ميول الأفراد وتحاول استكشافها للإستفادة منها في عمليات الإبتكار والإنتاج وهي

إختبارات تفترض إذا كان لدى الفرد ميل خاص فلابد أن يعلم أكثر من غيره بنواحي هذا الميل الذي يدعوه الى الإنتباه الى نواح معينة تستثيره وجدانياً وتدفعه نفسياً الى إتخاذ هذا النوع من السلوك . ومن الجدير بالذكر أن بعض الميول ثابت وبعضها يتغير مع تغير السن والظروف المحيطة بالفرد ، ومن هذه الطرق :

1- مدى معرفة الفرد وخبرته بمجال دراسي أو مهني معين . فقد تتغير المعارف والخبرات والمعلومات لدى الفرد مقياساً لميوله .

2- التفضيل وذلك عن طريق إستجابات الفرد نحو بعض الأنشطة المتعلقة بالدراسة أو المهنة وتفضيله لبعضها كمقياس لقوة ميله الى هذه المجالات .

3- السلوك : ملاحظة السلوك هي إحدى الطرق للتعرف على ميل الفرد تجاه المجالات التي يميل اليها .

وكل هذه الطريق يعوزها الدقة والموضوعية ، ولذلك لجأ العلماء الى استخدام اختبارات مقننة لقياس الميول . وتعتمد هذه الاختبارات على قياس تفضيل استجابات ترتبط بنشاط مميز لمهنة أو عمل ما على إستجابات أخرى تدل على نمط آخر من الأساليب .

أما الأساليب المتبعة في بناء إختبارات الميول أو تصحيحها هي :

1. إختبارات تعتمد في بنائها على أساس تجريبي واقعي (مثل إختبار سترونج للميول المهنية) .

2. إختبارات تعتمد على التنوع والتعدد (مثل إختبار كيودر) .

3. إختبارات تعتمد الأساس المنطقي (مثل إختبار لي ثورب) .

وسنتناول واحداً من هذه الاختبارات وهو :

● إختبار كيودر للميول المهنية .

ظهرت الطبعة الأولى لمقياس كيودر عام (1939) ثم تبعتها ثلاث طبعات تالية تحمل الأسماء (A.B.C.) وصدرت الصورة (C) في عام(1948) بإسم التفصيلات التخصصية .

وتقيس بطارية كيودر الميول (الإهتمامات) في المستويات التعليمية التي تبدأ بالإعدادية وما بعدها وحتى مستوى الراشدين وهي تتناول ثلاث جوانب أساسية هي :

1. الإهتمامات التخصصية ، ويمكن الحصول فيها على رتب مبدئية لعشرة مجالات مهنية تخصصية هي الأعمال الميدانية والميكانيكية والحسابية والعلمية.

2. الإهتمامات الوظيفية أو المهنية ويمكن الحصول منها على درجات تشير كل منها الى مهنة مختلفة من (38) مهنة مثل مهنة (فلاح ، صحفي ، موظف).

3. إهتمامات شخصية أو أنماط سلوكية ، تهدف الى قياس خمس سمات أو خصائص عريضة للسلوك ينظر اليها بإعتبارها متعلقة بمجموعات معينة من التخصصات أو السمات ومنها :

جدول يمثل السمات ومظاهرها

م	السمــة	مظاهرهــا
1-	سمة النشــاط .	مثلاً في وسط الناس تميز مندوبي التأمين ، مندوبي البيع.
2-	سمة الإستقرار .	في مواقف الفلاحين وإستقرارهم في مزارعهم .
3-	سمة تجنب الصراعات .	مثل الأطباء ، أساتذة الجامعات .
4-	سمة العمـل .	(في مجال الأفكار) أساتذة الجامعات ، المؤلفين.
	سمة توجيه وقيادة الآخرين .	محامين ، مديري الأعمال ، رجال الشرطة .

(فرج ، 1980 : 650)

-109-

ولقد صمم إختبار كيودر للإهتمامات المهنية وفق المحك الواقعي حيث يستخدم مجموعة مرجعية عامة وتحسب الاهتمامات المهنية للفرد من صورة معامل إرتباط بين درجتين على كل مقياس مهني وبين نمط إهتمامات مجموعة مهنية وعادة يستخدم الحاسب الألكتروني بدلاً من التصحيح اليدوي .

● **الثبات والصدق في إختبار كيودر .**

الثبات : يعني ثبات الدرجات على المقاييس التخصصية العشرة ثبات إتساق داخلي مرضي ويتراوح ما بين (95.8) وبمتوسط (0.9) تقريباً عند إعادة إختبار الثبات بعد أربع سنوات (8.5) على الذكور بمتوسط (65) يتراوح ما بين (82.6) بمتوسط (0.68) وتبلغ بطارية الاهتمامات الداخلية ما بين (0.42) (0.82) وسيط (0.62) وثبات إعادة الاختبار للمدارس والجامعات عينة طلاب (0.60) ، (0.85) ، (0.77) ، (0.91) .

أما الصدق يقاس حسب محك الرضا عن العمل لدى جماعات مهنية محددة تحدد إهتامماتها من خلال أدائها على المقياس .

● **نقد إختبارات الميول وتقويمها .**

وجهت للإختبارات عدة إنتقادات لغرض تقويمها والاستفادة منها . ومن هذه الانتقادات .

1. أنه لا يمكن الاعتماد على نتائج إختبارات الميول كصورة حقيقية للشخص ، إذ من المحتمل أن يكون قد زوّر في إجابته .

2. أن تطبيق الوحدات على الميول الميكانيكية والميول الكتابية يعد تصنيفاً ذاتياً .

3. إضطرار من يطبق عليه الاختبار أن يختار أمرين غالباً ما تكون معرفته بهما غير متساوية .

4. لا تظهر درجات التفضيل في مثل هذا النوع من الاختبارات فلا يمكن تسجيل الفرق بين نقطتين أحدهما قوي والثاني ضعيف .

5. يوجه (روثن - وشميدت) نقدهما الى الصدق في إختبار الميول بوجه عام.

[العواطف]

تمهيد ..

للأسرة أثر كبير في تكوين عواطف الفرد ، فهي أول لبنة إجتماعية في البناء العاطفي للفرد فهي تمثل خصائص المجتمع الكبير . ودراسة الأسرة وروابطها الاجتماعية يلقي ضوء على نوعية تنظيمها ، وترتيب الحقوق بين أفرادها ، وتقاليدها ومعتقداتها الدينية والدنيوية ، وثقافتها . فالدعائم التي يقوم عليها النظام الأسرى يمثل ما يرتضيه العقل الجمعي . والقواعد التي تختارها المجتمعات لا تكاد تدين بشئ لدوافع الغريزة ، بل أن معظمها يرمي الى محاربة الغرائز وتوجيهها الى طريق غير طريقها الطبيعي (وافي ، 1960 : 163) .

إن الوظيفة التربوية للأسرة إزدادت بفعل عوامل كثيرة مادية ومعنوية وجعل للأسرة دوراً حاسماً في التكوين الأساسي والعام للفرد وبخاصة فيما يتعلق بعواطفه ، ومن هذه العواطف عاطفة الحب ، وعاطفة الغيرة ، وبعض العواطف الأنانية والغيرية كعاطفة اعتبار الذات والتعاطف ، وإحترام القانون .

● **تعريف العواطف .**

يمكننا أن نعرّف العاطفة بأنها :

1. حالة وجدانية معقدة ودائمة .

2. هي تنظيم وجداني ثابت نسبياً ومركب من عدة إنفعالات تدور حول موضوع معين ، ويصاحبه نوع من الخبرات السارة أو المكروهة ، والموضوع المعين الذي تدور حوله هذه الانفعالات قد يكون شيئاً أو شخصاً أو جماعة أو فكرة (الشيباني ، مصدر سابق : 104) .

ومن التعريفين السابقين يمكن إعتبار كونها حالات وجدانية يجعلها من حيث تصنيف الظواهر النفسية مخالفة لخصائص الظواهر النفسية مثل الإدراك الحسي والتذكر والتخيل ... إلخ . أما كونها ثابتة ودائمة فهذا أمر نسبي وليس مطلق ، فهذا الثبات والدوام في العواطف يجعلها أطول مدى وتأثير من الانفعال . فالعواطف تشبه نهراً مجراه عميقاً . أما كون العواطف معقدة فهذا يرجع الى ما يدخل فيها من مكونات وما تتصف به من خصائص ذاتية .

● **خصائص العواطف .**

للعواطف خصائص منها :

1. البطء في التكوين - فهي تحتاج الى فترة طويلة حتى تتوضح وتتبلور حسب الظروف المحيطة بنشأتها ، وحسب الموضوع الذي تتجمع حوله والذات التي تتبلور فيها ، ولذلك فهي لا تزول بسرعة .

2. العمق - ذلك لأن البطء في التكوين يضيف خاصية العمق إذ تترسب في أعمال النفس .

3. الإنتقال - إذ تنتقل من موضوعها الحقيقي الى ما يمكن أن يتصل بهذا الموضوع ، فالمحب لا تقف حدود عاطفته عند المحبوب بل تتعداه الى كل ما يرتبط به من أشخاص وأشياء .

4. الكبت أو الإخفاء - ذلك لأن العواطف يمكن إخفاؤها أو كبتها رغم عمقها وقوتها .

5. التحول الى الضد - يمكن للعواطف إذا ما توفرت بعض الشروط أن تنتقل الى الضد ، فعاطفة الحب يمكن أن تتحول الى الكراهية في حالة فشل المحب أو تبين له أنه كان مخدوعاً أو كان موضع عبث من المحبوب . وهذا يرجع الى الطبيعة المعقدة للعواطف التي تجعل أية عاطفة منها غير خالصة بصفة مطلقة من العناصر المعارضة لها .

● مكونات العواطف .

يمكن النظر الى العواطف ومكوناتها من الناحية النفسية (الوجدانية) وبعضها الى الحياة الفكرية الإدراكية . وأهم ما يكون هذه العواطف هي الانفعالات والحاجات والميول . فالإنفعالات تشبه هزة مفاجئة قوية تصيب النفس والجسم ولكنها قصيرة المدى عابرة كاستجابة أولية للمؤثر . أما الحاجات ، فهي حالات لاشعورية مصاحبة للحرمان مما هو ضروري أو ما يبدو ضروري للحياة الجسمية أو النفسية كالحاجة للطعام أو الحاجة الى الإفراغ ... الخ . فإذا إنتقلت الحاجة الى حركة أو إتجاه نحو الموضوع الذي يشبع الحاجة فهي تشكل ميلاً .

فالعلاقة بين الحياة الوجدانية أو الفكرية الإدراكية من ناحية التكوين تعتمد على أن هناك حاجات تعبر عن نفسها على شكل ميول نحو موضوعات معينة ، والانفعالات من حيث كونها استجابات لمؤثرات تنقسم

الى (إيجابي) ما يحبه الفرد و (سلبي) وهو مالا يحبه الفرد أي يكرهه كالألم . ومن شأن الانفعالات أن تقوم بوظيفة توجيه هذه الميول ذلك لأن الانفعالات هي المساعد الأول على إشباع أو عدم إشباع الميول وبتكرار ذلك تتولد في الفرد حالات نفسية مستقرة عميقة (سلبية أو إيجابية) نحو الموضوعات التي يميل إليها . وهذه هي العواطف ، وذلك معناه أن الانفعال بإعتبار أنه يتأثر بما يحبه الفرد أو يكرهه ، يمكن أن يصبح عاطفة إذا استمر وطالت مدته ، كما يمكن أن يكون مجرد حالة تأثر عابرة فينقطع وهو في الحالة الأولى ، أو عن طريق التأثير المتقطع مع التكرار التأثير الايجابي والسلبي بما يحب أو يكره .

لكن هذه العناصر من الحياة الوجدانية وخاصة الانفعالات لا تكفي لتوليد العواطف وحدها ولكن تتشابك وتتدخل الظواهر النفسية عموماً والجدانية خصوصاً. وإذا كانت العواطف تتولد ببطء وعمق فهذا راجع الى أنها تتكون بتأثير عناصر فكرية إدراكية وجدانية انفعالية . فالحب والكره عاطفتان لا تتولدان عن طريق الانفعالات اللذيذة أو المؤلمة بل تتولد عن طريق التأمل والتفكير والتصور لما يثير اللذة والألم في موضوعها وتكرارها وتحليلها وهذا ما يمنحها من قوة .

● **وظيفة العواطف .**

تبنى العواطف على علاقات الفرد بالأشخاص أو الموضوعات ، إذ تساعد على توسع أفق الفرد سواء كان هذا التوسع إيجابياً أو سلبياً ، فعاطفة الحب وعاطفة الكراهية مثلاً توسع هذا الأفق بغض النظر عن القيم الأخلاقية أو الاجتماعية التي يمكن أن تدخل في تقييم هذه العواطف . ذلك لأن الفرد عندما يدخل في علاقة من هذا النوع يندفع الى إتخاذ الوسائل

والطرق المختلفة لإشباع هذه العاطفة ، وهذا ما يشكل إثراء لطاقات الفرد النفسية وتوسيع نطاق فاعليته . ومن الوظائف الأساسية للعواطف كونها حالات نفسية ثابتة وعميقة فهي بذلك تطبع شخصية الفرد بطابع خاص يؤدي به الى توحيد طاقاته وتوجيهها . وينشأ عن ذلك مباشرة وحدة شخصية الفرد وهويته . وتتوضح وحدة الشخصية عن طريق العاطفة في أن حامل عاطفة ما يتصرف في الظرف المعين المرتبط بتلك العاطفة ككل لا كمجموعة من العناصر . وهذا ما يجعل سلوكه مضبوطاً في اتجاهه حازماً . لأنه لا يعاني من الحيرة التي تسبب تشتيت طاقته أو جهده ، ولكن تتوحد جهوده وطاقاته في أسس انفعالية إدراكية لمحاولة الوصول الى الهدف بينما إذا لا توجد عواطف تجاه موضوع ما عندها يحتاج الفرد الى تحديد الاختيار وإجراء المقارنات وهذا ما يجعل الفرد متردداً .

إن تطور الشخصية وديمومة العواطف يساعد على تميز سلوك الفرد في خطوط عامة لا في جزيئات وتفاصيل وهذا ما يساعدنا على الحكم على الفرد الذي نعرف عواطفه نحو موضوع معين بأن سلوكه سيكون على هذا النحو أو على ذاك النحو .

● نشاة وتطور العواطف .

من الملاحظ أن العواطف تتكون ببطء وعمق ، وهذا ما يجعلنا نؤكد على أن العواطف تنمو وتتطور وهي لا تأتي على شكل دفعة واحدة ، وهي بمرور الزمن تتفاعل وتتداخل في كافة عناصرها الوجدانية والفكرية الإدراكية ، وتكون في بداية الأمر عواطف غير متمركزة وغير متجمعة حول موضوع معين . ولما كان الفرد ينمو ويتطور جسمياً وفكرياً ووجدانياً ، فالعواطف إذن تتكون من عوامل وعناصر تتبع ذلك النمو الجسمي

والفكري والوجداني تبعاً لمراحل النمو التي يمر بها الفرد . فهي في كل مرحلة أكثر قابلية للتبلور والتجمع نحو موضوعات معينة. وهذا يعني أن تطور العواطف ونشأتها يتبع النمو العام بالاضافة الى تطور حياته الوجدانية والإداركية فالعواطف المادية مثلاً قد تتغير الى عواطف سامية ، وهذا ما يؤكد على مفهوم نشوء وتطور العواطف .

● أصناف العواطف .

تصنف العواطف حسب الموضوعات التي تدور حولها الى عدة أنماط منها:

1) ثنائية - مادية وأخرى معنوية .

2) رئيسية وثانوية .

3) نوعها - حب ، كراهية .

4) ثلاثية حسب نوع الميول التي تكون هذه العواطف .

أ) عواطف شخصية - ميولها - حب الذات أو اعتبارها عواطف الغيرة - حب الرئاسة والنشاط ... الخ .

ب) عواطف غيرية - ميولها - التعامل مع الآخرين ، خدمتهم ، تبادل المصالح معهم كعواطف الصداقة والإحسان والتعاون ... الخ.

ج) عواطف سامية - ميولها ما يتعلق بالقيم العليا الأخلاقية والدينية والفنية كعواطف الإيثار وحب العدل وتذوق الجمال ... الخ .

ولا تعتبر هذه التصنيفات نهائية ، وإنما هي فقط للتبسيط لما تقتضيه وجهة النظر الخاصة ، وأن إندماج عواطف معينة تحت صنف معين لا يمنع من تداخل العواطف وتفاعلها ، وتبدأ العواطف بالتبلور في سن الثالثة في مراحل الطفولة الأولى وأولها :

1. العواطف الشخصية الأنانية - وتتمركز حول الذات وذلك لأن الطابع الأناني هـو أول طـابع يتوضـح في سلوك الطفل .

2. العواطف الرئيسية - كعاطفة الحب وتتبلور حول الأم باعتبارها موضوعه الإدراكي والوجداني .

3. العواطف الغيرية - وتظهر في الطفولة الثانية وخاصـة مـن السـنة الرابعـة فـما فـوق عـلى إعتبـار أن الطفل يبدأ بالاندماج في حياة الآخرين (مبارك ، 1984: 16).

الفصل الثامن

الإتجاهات النفسية

(مكوناتها وقياسها)

- تمهيد .

- تعريف الإتجاه .

- خصائص الإتجاه .

- كيف يتكون الإتجاه .

- مكونات الإتجاه .

- تعقيد الإتجاه .

- مفهوم طبيعة الإتجاه .

- تأثير الاتجاهات على السلوك الخارجي .

- قياس الإتجاهات .

- المؤثرات في نمو الإتجاهات .

تمهيد ..

عندما تسأل شخصاً عما يشعر به نحو مدرسته ، وعما إذا كان يحبها أو يكرهها ، فأنك بذلك تسأله عن اتجاهه النفسي ، فأنك تسأله عن اتجاهه نحو عمله ، وتؤثر الاتجاهات السائدة على الفرد تأثيراً واضحاً على تسهيل عملية التعليم أو العمل أو إعاقته ، فعندما يكون الاتجاه إيجابي حيال عمل ما أو دراسة ما يزداد في هذه الحالة الدافع ليسهل بذلك العمل أو التعلم بشكل واضح ملموس . فالإتجاه هنا يعمل كدافع يوجه السلوك ويدفع الفرد الى العمل .

● تعريف الإتجــاه .

لقد عرف الإتجاه بعدة تعريفات منها :

1. الإتجاه - حالة مـن الإستعداد العقلي والعصبي التـي تـنظم أو تتكون خـلال التجربـة والخبـرة - (جوردون ألبورت) .

2. هو إستجابات تقويمية متعلمة إزاء الموضوعات أو الأحداث أو غير ذلك من المثيرات (أرنوف ، 1995 : 325) .

3. هو إستعداد لدى الفرد للإستجابة لموضوع أو شخص أو موقـف معـين وتتضـمن هـذه الاستجابة رد فعل بشكل إيجابي أو سلبي ويحدث نتيجة للخبرة .

4. هو نزعة الفرد أو إستعداده المسبق الى تقويم موضوع أو رمز لهذا الموضوع بطريقة معينة (جـلال ، 1992 : 151) .

5. هو إستعداد عقلي عصبي ينتظم عن طريـق الخـبرة ، ويفعل فعلـه في الفـرد فيـؤثر عـلى استجاباته لجميع المواقف والموضوعات التي يمر بها   (فهمي ، 1965 : 113) .

من التعريفات السابقة تتوضح لنا أهمية الاتجاهات النفسية التي تتشكل نتيجة لتفاعل الفرد وخبراته وتجاربه الحياتية مع البيئة ، حيث ترضي فيه دوافع مختلفة وتعود عليه بشعور الرضى والسرور أو تحبط لديه بعض الدوافع وتثير فيه بعض الدوافع المنفرة أو المؤذية .

تعمل الاتجاهات كدوافع مكتسبة تعبر عن آره الفرد وتشكل سلوكه وردود أفعاله إيجابياً أو سلبياً نحو المواقف أو الموضوعات أو الأفراد بناء على خبرته السابقة . وهذا يوضح على أن استجابات تقويمية متعلمة إزاء الموضوعات أو الأحداث أو غير ذلك من المثيرات . وهذا ما دفع علماء النفس الى إستقراء الاتجاهات النفسية للجماعات عن طريق معرفة الرأي العام .

- **خصائص الإتجاه .**

يتميز الإتجاه بالخصائص التالية :

أ) الإتجاه متعلم - ذلك لأنه يكتسب نتيجة للخبرة والتفاعل مع البيئة ، سواء كانت طبيعية أم إجتماعية بيئية ، ذلك لأن الفرد يكتسب كثيراً من اتجاهاته الايجابية والسلبية نحو الأفراد والمواقف والموضوعات عن طريق ما يكتسبه هذا الفرد من خبرة عن طريق التقليد والممارسة والتنشئة الاجتماعية وأنواع التعلم المختلف التي تؤثر في سلوك الفرد إجتماعياً أو دينياً .

ب) يعمل الاتجاه كدافع - فالإتجاهات تعمل كدوافع تدفع الفرد نحو موضوعات ومواقف يتم التعبير عنها قولاً أو عملاً . لأن الإتجاه يعمل كموجه للسلوك وجهة معينة ليحقق أهداف محددة غير أنه ليس كافياً في حد ذاته دائما لإنجاز العمل ، بل يتم ذلك بصورة أفضل إذا اشتركت معه دوافع أخرى .

<u>مثال :</u>

التلميذ الذي لديه إتجاه نحو مادة دراسية معينة هنا يعمل الاتجاه كـدافع يـدفع التلميـذ الى دراسة المادة .

ج) الإتجاه جزء من الموقف - قد يتضمن الإتجاه جزءاً من الموقف أو المواقف ، فقد يتكون لـدينا إتجـاه إيجابي نحو فرد معين أو نحو مجموعة أو نحو مدرسة أو أمة من الأمم كالأمة العربية ، وقد يكون الاتجاه سلبي نحو شئ ما كالصهيونية أو الاستعمار ، أو التمييز العنصري .

د) للإتجاه خصائص معرفية وعاطفية - من مكونات الإتجـاه المكـون المعـرفي والإدراكي ، فـالفرد يجـب أن يدرك ويعرف موضوع الإتجاه قبل أن يستجيب له ، كأن يكون للفرد حد أدنى من المعرفة حـول موضـوع الاتجاه . والإتجاه يتضمن خصائص انفعالية تتمثل في الاستجابات الانفعالية المصاحبة للإتجاه والتي تبـدو في حركات الفرد وقوة تعبيراته .

هـ) يتصف الإتجاه بالثبات النسبي - بما أن الإتجاه متعلم ، فإن ما يتعلمـه الفـرد يـدوم لفـترة زمنيـة ولا ينسى سريعاً ، ولهذا تستمر اتجاهاتنا معنا وهي لا تتغير حتى بتغير المكون المعرفي للإتجاه ، فاكتسـاب حقائق ومعلومات جديدة حول موضوع الاتجاه قد تغير المكون المعرفي لدينا ، مما يؤدي الى تغير اتجاهنـا ، فنتعلم إتجاهاً جديداً ونترك إتجاهاً سبق وأن كنا نؤمن به .

● **كيف يتكون الإتجاه .**

يتكون الإتجاه من :

1) الخبرات الطويلة والتفاعل مع البيئة .

ذلك لأن الاتجاهات تـنتمي الى الدوافع المكتسبة من البيئة المحيطة بالإنسان ، حيـث يكتسـب سلوكه نتيجة للخبرات السابقة وأنواع التعلم . والتنشئة الاجتماعيـة لهـا دور كبـير في تكـوين الاتجاهـات ، ففي حالة تفاعله

مع خبرات سارة فذلك يؤدي الى تكوين اتجاهات ايجابية ، أما إذا كانت الخبرات الناتجة من الموقف غير سارة كان الاتجاه سلبياً ، فالأفراد يكتسبون المعلومات والأفكار ويتقبلون الآراء والأنماط المختلفة من السلوك من خلال تفاعلهم مع الآخرين الذين يمثلون نوعاً خاصاً من العلاقات وأن استمرار هذه العملية يؤدي بدوره الى تكوين إتجاهات نحو الأفراد تتسم بالايجابية أو السلبية للمواقف تبعاً للمواقف التي تكونت عندهم .

2) إشباع الحاجات النفسية .

إن إشباع الحاجات النفسية مثل الحاجة الى الأمن النفسي والتقدير أو إثبات الذات وتوكيدها تثير في الفرد مشاعر الرضى والقبول ، وهذا من شأنه أن ينمي إتجاهات إيجابية نحو الأفراد الذين يشبعون هذه الحاجات . في حين ينمي الفرد إتجاهات سلبية نحو الأفراد الذين يحبطون لديه بعض الحاجات النفسية .

3) الإيحاء .

ومعنى ذلك تقبل الإفكار والآراء من الآخرين دون مناقشة أو نقد ، ويختلف الأفراد في القابلية على الاقناع والتأثير عن طريق الإيحاء ، ويظهر هذا واضحاً لدى الأفراد الذين تقل ثقتهم في أنفسهم إذ يجدون في التجارب مع غيرهم والاستجابة لهم إشباعاً أكبر لحاجاتهم ، وأن اتجاهاتهم تتغير بسهولة أكثر ، وللأسرة دور كبير في تكوين الاتجاهات عن طريق الايحاء ، فالطفل يتشرب كثيراً من الآراء والأفكار والمعتقدات التي تشكل اتجاهاته مستقبلاً نحو الدين والوطن وعادات وتقاليد المجتمع .

● مكونات الإتجـاه .

الإتجاهات هـي مكونات مختلفة تتحد فيما بينها لتكون الاستجابة النهائية الشاملة التـي قـد يتخذها إزاء مثير معين ، وقد يكون هذا المثير فرد أو موقف أو موضوع معين بشكل إيجابي أو سلبي . ومكونات الإتجاه هي :

1) المكون المعرفي .

وهو كل ما يشير الى المعتقدات والأفكار التي يعتنقها الفرد حول موضوع معين ، ويرتكز عليهـا إتجاه الفرد ويدافع عنها ويتطلب هذا المكون حد أدنى مـن الإدراك والمعرفـة لموضـوع الاتجاه ، وتتوقـف الاتجاهات من حيث قوتها أو ضعفها وفي ثباتها أو تذبذبها على المكون المعرفي ، فكلمـا كانـت المعلومـات والأفكار واضحة وثابتة كان الإتجاه ثابتاً قوياً والعكس صحيح .

2) المكون الإنفعالي العاطفي .

ويعتبر المكون الوجداني هو الشحنة العاطفية الانفعالية التي تصاحب الاستجابة أو رد الفعل إما سلباً أو إيجاباً (القبـي ، 1982 : 84) ، ويتمثـل فـي الجانـب الشعوري أو الاستجابة الانفعاليـة التـي قـد يتخذها الفرد إزاء مثير معين وهذه الاستجابة تحمل شحنة إنفعاليـة سـلبية أو إيجابيـة يعـبر عنها الفرد حيال موضوع معين ، ويمكن ملاحظة الانفعال على الفرد من خلال حركاته وهذه الصبغة الانفعاليـة هـي التي تعطي للإتجاه صفة الدافعية المثيرة.

3) المكون النزوعي .

والمقصود به هي أساليب الفرد السلوكية إزاء المثير (تطبيق المفهـوم) سـواء كانـت إيجابيـة أو سلبية ، وبعبارة أخرى يتضمن نزعات الفرد السلوكية تجاه المثير .

● تعقيد الإتجاهات .

غالباً ما توصف الاتجاهات بالبسيطة أو المركبة وذلك وفقاً لدرجة تعقديها .

1) الإتجاهات البسيطة : وهي مجموعة الآراء التي يعبر عنها (بنعم أو لا) (جيد أو ردئ).

2) الإتجاهات المركبة المعقدة : وهي الاتجاهات التي تتضمن عدة إستجابات .

مثال : إن التلميذ الذي يستجيب للمعلم وينجذب له يعتقد أن مثل هذا المعلم (جيد) ولذا نجده يحترم كل ما يقوم به من شرح أو وسائل تعليمية ويمثل هذا إتجاه بسيط إزاء المعلم مؤداه أنه معلم جيد ، أما التلميذ الذي يستجيب له المعلم بقوله أن تدريسه جيد ولكن وسائل الايضاح غير كافية ، في هـذه الحالة يبدي التلميذ إتجاهاً أكثر تعقيداً إزاء هذا المعلم يتضمن خليطاً من المشاعر والمعتقدات والأنشطة والأفعال .

● مفهوم طبيعة إتجاهات الفرد .

يقول (كرتش وكرتشفلد) (أن الإتجاهات هي تنظيم مستمر لعمليات الدافع والانفعـالات والإدراك والمعرفة) . وحتى يمكن فهم طبيعة اتجاهات الفرد لابد مـن البحـث في مجـال الفـرد الـديناميكي النفسي ـ الذي يشمل:

1. أن كل فرد مدفوع بإستمرار نحو حالات معينة من المنبهات أو مدفوع عنها.

2. إدراك الفرد للمنبهات حسب علاقتها بتحقيق الهدف الذي يلوح في داخل الفرد .

3. مواجهة الإشباع والإحباط الذي تثيره إنفعالات مـن شـأنها مسـاعدته في تحديـد المنبهـات وهـذه تؤدي به عند الرشد الى مجموعة ثابتة من الاتجاهات نوعاً ما .

فمن الملاحظ أن عدداً من إتجاهات الفـرد هـي التـي تكـون نشـطة في وقـت معـين ، ويتوقـف سلوك الفرد على القوى المختلفة الموجودة والتي تؤثر عليه ، وقد يكون بعض هـذه القـوى عقبـات ماديـة تحول دون تحقيق الهدف . وقد تكون قوى جديدة تدرك لأول مـرة ، أو مـدركات ذات قـوى عـن الأشـياء الموجودة ، ولقد تم إستعمال اصطلاح (القوة) من قبـل العـالم (ليفـين) ليحـدد بهـا القيمـة الموجبـة أو السالبة للمؤثرات التي تؤثر في حياة الإنسان .

<u>مثـــال :</u> شاب يريد أن يتزوج وللوصول الى الفتاة (الهدف) عليه أن يجتاز العقبات الآتية : قبـول الفتـاة به (عائق أ) ثم التقدم للأهل والخطبة (عائق ب) وتحديد المبلغ المدفوع كمهر " صداق " (عائق ج) وبعد ذلك تأثيث بيت الزوجية (عائق د) وأخيراً الهدف الزواج وتكوين أسرة . والشكل التالي يوضح لنا موقف سلوكي .

فالشاب لو رفضته الفتاة فإن هـذا سـيبعده عـن الهـدف (الـزواج) ويصـبح في موقـف جديـد يتصور أن رفض الفتاة وهو العائق الأول صـعب الاجتيـاز ، ولكنـه سـوف يبحـث عـن أخـرى . وواضـح أن المجال السلوكي

للشاب اشتركت فيه عدة عوامل هي الأهداف المرجوة ، وتقديرات المستقبل، وتقييم الفرد لذاته ... الـخ . وهذا ما يؤكد أن سلوك الفرد هو نتيجة هذه العوامل عليه .

● **تأثير الإتجاهات على السلوك الخارجي .**

مما سبق يتضح لنا أن الاتجاهات لها تأثير كبير على السلوك الخارجي الصريح للفرد وهـي تـؤثر على جميع العمليات العقلية من إدراك وتعلم ... الخ ويتحدد ذلك في نقطتين أساسيتين هما :

1) التغيير في السلوك نتيجة الاتجاهات والموقف .

يتوقف سلوك الفرد وتعديلاته نتيجة للتغيرات التي تحدث في الموقف، فسلوك الفرد ليس نتيجة مباشرة للمنبهات التي حوله .

مثـال : لو حصرنا عدة أفراد في موقف ما فعلى الأغلب سيكون لهم سلوكيات متعددة ، خاصة عندما تتعدد المنبهات في الموقف ، وعندما تتعدد الاستجابات المحتملة فسلوك الأفراد الى حد كبير يتوقف على خصائص الموقف ، ولكن إتجاهاتهم تختلف من شخص لآخر ، فنجد أن السلوك يتحدد بالتأثير المشترك لإتجاهات الأفراد ، وبإدراكهم للقوى المختلفة التي تعمل في مجالهم النفسي- وهذا ما يتوجب علينا أن نبحث في خبرات الفرد السابقة والموقف الراهن والأهمية النسبية لإتجاهاته ، ثم بعد ذلك سلوك الفرد .

2) التغيير في السلوك نتيجة الاتجاهات .

ذلك لأنه قلّما يكون سلوك الفرد نتيجة إتجاه واحد ، وإنما عدة إتجاهات في الموقف الواحد .

مثـال : مسألة إختيار بضاعة (مثلاً مكيف هواء من عدة صناعات) وتشير الأبحاث التي تجري على الاختيار أن هناك عدة عوامل تؤثر في

نتيجة الاختيار اتجاه المشتري نحو البضاعة مثل إتجاه المشتري نحو البضاعة ، إتجاه الفرد نحو الشركة المصنعة ، الاتجاه المادي (سعر البضاعة) ... الخ ، فإن تخمين النتيجة يبنى على أساس علمي .

● قيــاس الإتجاهــات .

هناك عدة وسائل لقياس الاتجاهات ، ولكن هناك وسيلتان شاع استخدامهما هما :

1) إستطلاع الرأي العام .

وهو عدد من الأسئلة حول موضوع معين ، وتعطى هـذه الأسـئلة لعينـة مـن السـكان عـلى أن تصاغ بصورة تسمح بتجنب الحصول على أية إجابة متميزة ، وعادة ما تكون الاجابات على شـكل (نعـم ، لا ، موافق ، لاأوافق) .

2) مقياس الاتجاه (الإستبيان) .

وهي أن تقدم للمفحوصين إستبيان فيه عبارات لكي يوضحوا موافقتهم أو عـدم مـوافقتهم عـلى ما تتضمنه كل عبارة (وأحياناً درجة الموافقة) مثلا (أوافق بشدة ، أوافق) حيـث تنتـج قائمـة العبـارات التي تتم الموافقة عليها ، حيث ترتب العبارات التي تتم الموافقة عليها وتلك التي لم تحظ بالموافقة بشـكل تسلسل هرمي .

مثــال : يمكن أن تحدد إتجاهات الأفراد إزاء مختلف المهن بالاستعانة بأحد مقاييس الاتجاه التي غالبـاً مـا تستخدم عبارات المقارنة كما يلي (تحتل مهنة المهندس نظرة إجتماعية أفضل من الطبيب) .

● المؤثرات في نمو الإتجاهات .

هناك عدة عوامل على درجة كبيرة من الأهمية تؤثر في تكوين الاتجاهات وتدعم نموها منها :

1) تأثير التعلم. ذلك لأن التعلم يزود الفرد بمعلومات تساعد على نمو الاتجاهات ، فكلما طالت فترة التعلم (إبتدائي ، ثانوي ... الخ) بدأت اتجاهات الفرد بالتحرر من نمط التقليد والتوارث في العادات .

2) تأثير الأسرة. والأسرة عامل أساسي في تكوين الاتجاهات لدى الأطفال ونموها، إذ أن لإتجاهات الأسرة (الوالدين بالذات) الخاصة ، وما يقدمانه من تعزيز لبعض أساليب الصغار السلوكية تأثيراً عميقاً على تكوين اتجاهاتهم ونموها، غير أنه كلما تقدم الطفل بالعمر تقلص هذا التأثير .

3) تأثير الأصدقاء. ويعد تأثير الأصدقاء عامل مهم يساعد في تكوين الاتجاهات ونموها في وقت مبكر .

4) تأثير وسائل الإعلام. قد تساهم وسائل الاعلام في تكوين الاتجاهات ، وفي بعض الأحيان تدعم الاتجاهات .

5) تأثير العمر. هناك بعض الآراء تقول أن الفترة الحاسمة لتكوين الاتجاهات تقع ما بين (12 - 30) حيث تتبلور وتستقر .

6) الجاذبية الشخصية . والمقصود بها العوامل المتبادلة من زوايا الميل أو عدم الميل أو النفور بين الأفراد والتي تؤدي الى تغير الاتجاهات وهي العوامل والمؤثرات التي تمنح الفرد القابلية على تكوين أو تدعيم أو تغيير الاتجاهات لدى الآخرين .

الفصل التاسع

الإنتبـــاه والإدراك

- الإنتباه .
  - تمهيــــد .
  - أنواع الإنتبـــاه .
  - مثيرات الانتباه .
  - مشتتات الانتباه .
  - حصر الانتبــاه .

- الإدراك .
  - طبيعة الادراك .
  - مراحل الادراك .
  - أثر المثيرات في الانتقاء الإدراكي .
  - الادراك الحسي .
  - النسق الادراكي .
  - اضطرابات الادراك .

[الإنتباه   Attention]

تمهيد ..

قد ينتبه الفرد الى صوت قطرات ماء متساقطة فتدرك أن صنبور الماء غـير مغلـق بشـكل جيـد ، وقد يتنبه الى تيار هواء ياتي من غرفة الجلوس فينتبه أن الشباك مفتوح . ومن هذه الأمثلة يمكننا أن نفهم أن عمليتي الانتباه والادراك هما عمليتنا متلازمتان ، ويمكننا أن نميز بين الانتباه الذي هو تركيز الشعور في شئ ما وهو يسبق الادراك ويمهد له ، أما الإدراك فهو معرفة هذا الشئ فجسم الانسان نفسـه هـو مصـدر لبعض المنبهات التي تتوالد في إحشائه أو عضلاته أو في ذهنه من خواطر وأفكار ، كـما أن البيئة المحيطـة بنا تمتلئ بالمنبهات البصرية والسمعية واللمسية ... الخ . والفرد لا يلـتـفت الى كل هذه المنبهات بل يختار منها ما يهمه معرفته سواء لعمله أو لتفكيره ، أو ما يتفق مـع حالتـه النفسـية الوقتيـة أو الدائميـة ، وقـد يختار موضوعات معينة يركز شعوره فيها ويتجاهل ما عدا ذلك ولا يهتم به ، وعندما يكون الفـرد منتبهاً الى شئ ما فهو لا يشعر بما حوله من الناس أو الأشياء إلا بشكل شعور غـامض . وهنا يصـبح الشـئ الـذي شغل انتباهه (بؤرة شعوره) أما ماعداه فهو (هامش شعوره) .

ومن هنا يمكن تعريف الانتباه بأنه تركيز الشعور في شئ ما (راجح ، 1977 : ص 190) .

● أنواع الإنتباه :

قسم العلماء الانتباه حسب مثيراته الى :

1. الانتباه القسري : وهو عبارة عن اتجاه الانتبـاه الى مثير رغـم إرادة الفـرد ، كتعـرض الفـرد الى ألم مفاجئ في بطنه ، أو الانتباه الى نار

ودخان متصاعد من نافذة الغرفة ، وهذا ما يجعلنا مرغمين على اختيار هذا المثير دون غيره .

2. الانتباه التلقائي : وهو عبارة عن انتباه الفرد الى شئ يهتم به ويميل اليه بدون أن يبذل الفرد جهداً مثل الانتباه لرائحة زكية .

3. الإنتباه الارادي : وهو ما يقتضي من الفرد بذل جهد لحصر- الانتباه في شئ ما ، كألانتباه الى حديث جاف يدعو الى الضجر .

● **مثيرات الانتباه :**

قد تفرض بعض المنبهات نفسها علينا وذلك بحكم خصائصها ، كالصوت العالي الناتج من إجتياز الطائرة لحاجز الصوت أو النار المندلعة في الظلام . غير أن هذه المنبهات قد تكون ناتجة من بعض العوامل التي تجلب الانتباه ومنها :

❶ العوامل الداخلية للانتباه .

وتقسم هذه العوامل الى :

أ) عوامل انتباه داخلية مؤقتة وتشمل :

◆ الحاجات العضوية - العطشان يسترعي انتباهه صوت خرير الماء ، والجائع يسترعي انتباهه رائحة الطعام .

◆ الوجهة الذهنية وهو اتجاه يسهل على الفرد الاستجابة بطريقة معينة مثل الأم النائمة التي تستيقظ على صوت طفلها يصرخ .

ب) عوامل انتباه داخلية دائمة وتشمل :

◆ الدوافع المهمة للفرد ذلك لأن الوجهة الذهنية للفرد موصولة للانتباه الى المواقف التي تنذر بالخطر أو الألم ، كدافع الاستطلاع الذي يجعل الفرد في حالة مستمرة للانتباه الى ما هو جديد .

♦ الميول المكتسبة - وهي تبدو واضحة في اختلاف الأشياء التي يتنبه اليها عدد من الأفراد حيال موقف واحد ، مثل فيما يتنبه له تلميذ وفلاح وبيطري يسيرون في مزرعة . التلميذ ينظر الى أنها جولة ترفيهية والفلاح ينظر الى ما هو مزروع والبيطري يرى كيفية مكافحة الآفات الزراعية .

❷ العوامل الخارجية للإنتباه :

ويمكن أن نشير الى الأشياء التالية التي تثير انتباه الفرد ومنها :

1. شدة المنبه - يثير الانتباه الصوت العالي والضوء القوي والرائحة الزكية ، وقد يكون الصوت عالي ولكنه لا يجذب الانتباه وذلك لتداخل عوامل أخرى كأن يكون الفرد مستغرقاً في عمل يهمه .

2. تكرار المنبه - صوت الجرس يجذب الانتباه ، ولو سمعت صراخ لمرة واحدة يجعلك تنتبه ولكن اذا تكرر ذلك فإنه سيشد انتباهك أكثر .

3. تغير المنبه - إن انفطاع المنبه أو تغير شدته أو حجمه له أثر في جذب الانتباه ، خاصة عندما يكون التغير فجائياً مثل توقف صوت غسالة الملابس يثير إنتباه ربة البيت لإخراج الملابس .

4. التباين - عندما يختلف شئ ما اختلافاً كبيراً عما يوجد في محيطه وهذا ما يجذب الانتباه ، فمثلاً دخول قرد في مدرسة سهواً .. اذ سرعان ما نجد ما يثير انتباه الطلاب فيتجمعون حوله ، أو وجود إمرأة بين عدد من الرجال .

5. حركة المبنه - مثل الاعلانات الكهربائية المتحركة أجذب للانتباه من الاعلانات الثابتة .

6. موضوع المنبه - كلما كان موضع المنبه في مكان مثير للانتباه كلما كان الأفراد يهتمون بـه ، ولهـذا وضعت إشارات المرور في أماكن مدروسة بحيـث تجلـب انتبـاه السـائقين والأفـراد الـذين يعـبرون الشارع .

● **مشتتات الانتباه :**

كثيراً مت الأفراد يجدون صعوبة في تركيز انتباههم لـبعض الوقـت كـما قـد يجـدون صـعوبة في إعادة التركيز على نفس الموضوع بعد شرود أذهانهم . إن تشتت الانتباه قـد يكـون عامـل رئيسيـ لتخلـف وتعثر بعض الطلاب مثلاً ، إذ لا يستطيعون حصر انتباهم في المحاضرة وذلك لشرود أذهانهم من المحـاضرة وقد يتكرر شرود الذهن حتى يصبح عادة ، وهذا ما يجعل الفرد يشعر بـالنقص والعجـز في إصـلاح نفسـه ونقصد تشتت الانتباه الارادي مسببات هذا التشتت الى عدة عوامل خارجية أو طبيعية أو اجتماعية ومنها :

1- العوامل الجسمية :-

هناك بعض العوامل الدائمية التي تكون سبباً في شرود الذهن كالحالة الصحية العامة للفرد مثل اضطرابات الغدد الصماء ، مما يؤدي الى نقص في حيوية الفرد وضـعف قدرتـه عـلى المقاومـة أو اضـطراب الجهاز الهضمي أو التنفسي بالاضافة الى حالات الأرق والتعب والارهاق الجسمي وسوء التغذية .

2- العوامل النفسية :-

يتشتت الذهن في حالة عدم الميل لموضوع معين ، كأن يشرد ذهـن الطالـب لعـدم ميلـه لمـادة الجغرافية وانشغاله بمواد يميل اليها كالرياضـة البدنيـة أو بعـض الأمـور الاجتماعيـة ، وقـد يكـون الـذهن مشغول بأمور عائلية

كالإختلافات الأسرية بين الآباء مما يجعله ينسحب من الواقع الى التأمل الذاتي لمتاعبه وآلامة . أو قد تشعر بمشاعر النقص أو الذنب أو الاضطهاد.

وهنا نشير الى الفرق بين الشرود الذهني حول موضوع ما (كمادة الجغرافية) وبين الشرود العام مهما اختلف الموضوع ، حيث يصبح شروداً قسرياً نتيجة لأفكار تسيطر عليه فلا يستطيع التخلص منها إرادياً ، وهنا يصبح هذا الشرود مرضياً يجب علاجه على يد طبيب نفسي .

3- العوامل الإجتماعية :-

قد يعود شرود الذهن الى أمور اجتماعية غير محسومة مثلاً النزاع المستمر بين الوالدين أو الصعوبات المالية أو متاعب في العلاقات الاجتماعية ، وهذا ما يدفع الفرد الى اللجوء لأحلام اليقظة تخلصاً من الواقع المر .

ومن الملاحظ أن الأثر النفسي الذي تتركه هذه العوامل يختلف باختلاف الأفراد من ناحية قوة التحمل ، والصمود ، والصبر .

4- العوامل الفيزيائية :-

الضوضاء - الإضاءه وعدم كفايتها ، وسوء توزيعها ، وإرتفاع درجة الحرارة والرطوبة ، كلها أمور قد تسبب شرود الذهن لدى بعض الأفراد ، فمثلاً قد يستطيع الفرد أن ينتج في الضوضاء قدر ما ينتجه من الهدوء بشرط أن تكون دوافعه الى العمل قوية (ذلك لأنه سوف يبذل جهداً للتغلب على الضوضاء ويكون ذلك على حساب صحته العصبية) .

● **حصر الإنتباه :**

ينتقل إنتباه الفرد من فكرة الى أخرى او من خاطرة الى أخرى بشكل سريع ، فهو لا يثبت على شئ الا للحظة وجيزة من الزمن فمثلاً أنت تارة تسمع صوت دقات الساعة المعلقة على الجدار ثم بعد لحظات ينقطع

صوتها ثم تعود وتسمعه . غير أنه من الممكن حصر الانتباه الى موضوع معين اذا كان هـذا الموضـوع يثـير أفكار الفرد أو أن الفرد يعرف عنه الكثير ، أو قد يكون موضوعاً مشوقاً متغيراً أو متحركاً أو مركباً يميل اليه عند ذلك لا ينحصر الانتباه لأنه يتوافق مـع إختصـاص الفـرد وميلـه . فالـذي يحصرـ الانتبـاه ويشـده الى موضوع معين هو الميل لذلك الموضوع والاهتمام به والتحمس اليه ، فمثلاً التلميذ يشرد ذهنـه مـن مـادة جديدة جافة لكن إذا تقدم فيها وبدأ يميل اليها زاد انتباهه اليها ، فالانتباه والميل جانبان لشئ واحد . وفي هذا يقول أحد علماء النفس [أن الإهتمام إنتبـاه كـامن ، والإنتبـاه إهـتمام ناشـط] (راجـح ، 1985 : ص 196) .

[الإدراك Perception]

تمهيد ..

الإدراك هو عملية نفسية تتحقق بها معرفتنا بالعالم الخارجي وما يتواجد فيه مـن أشياء مـن خلال الحواس أو نتيجة لخبرة حسية ، كما انه واحد من العمليات العقلية التي نتعرف فيها الى مـا حولنا من البيئة وذلك عن طريق المثيرات الحسية المختلفة التي تسقط على حواسنا وهو عملية يقوم بهـا الفـرد عن طريق تفسير المثيرات الحسية ، حيـث تقـوم عمليـات الإحسـاس بتسجيل المثيرات البيئيـة ويضطلع الادراك بتفسير هذه المثيرات وصياغتها في صور يمكن فهمها . ويزداد الادراك سعة كلما مرّ الفرد بخبرة مـا حيث تعتبر الخبرة السابقة مهمة لعملية الإدراك ، فلقد دلت الأبحاث عـلى ضرورة أن يكون للفرد خبرة للبيئة التي يعيش فيها حتى يتمكن من إدراك المثيرات بصورة صحيحة ، ذلك لأنه كلـما يوسع الفـرد مـن تفاعله وتعامله مع هذه المثيرات كلما تنمو مهاراته الإدراكية .

● طبيعة الإدراك .

إن فهم سلوك الأفراد يبدأ من فهم الكيفية التي يـدركون بهـا الأشياء ، فالسـلوك الـذي يمارسـه الفـرد سواء كان ظاهرياً أو مستتراً ، فهو يتأثر بفهم وإدراك الفرد للظروف المحيطـة بـه وما تحتويه مـن مثيرات ، وان تأثير هذه المثيرات على سلوك الفرد يتم مـن خـلال عمليـات إدراكيـة تنتهـي بتكـوين معانٍ وتفسيرات معينة تتلقاه حواس الفرد عـن هـذه المثيرات ، غـير أن إدراك الفـرد للمثيرات يـتم مـن خـلال القنوات الحسية للفرد (من خلال البصر ، السمع ، اللمس ... الخ) فالذي يدركه الفرد لابد أن يمـر مـن خلال الحواس .

والفرق بين الإحساس والادراك هو أن الإحساس هو مجرد قنوات توصيل وتلقي للمعلومات التي تصل للفرد بشكل مرئي أو مسموع أو ملموس .. الخ ، وهو عملية عصبية فسيولوجية . أما الإدراك فهو أعقد وأشمل من عمليات الإحساس فهو لا يقتصر على مجرد تلقي واستقبال للأشكال المرئية أو المسوعة أو الملموسة.. الخ ، بل هو يتضمن العمليات الذهنية التي تحتوي على الانتقاء من المعلومات وتنظيمها وتفسيرها أو إعطائها معنى وتكوين انطباعات ومدركات عنها. فالعمليات الإدراكية ذات طابع ذهني يحدد في النهاية وما يتكون لدى الفرد من معايير وانطباعات تتلقاه حواسه من معلومات .

ويلاحظ تعرض سلوك الفرد الى مؤثرات خارجية خاصة بالمثير ومؤثرات داخلية خاصة بالفرد وتؤثر كل من هذه المثيرات في طريقة انتباه الفرد لمثير معين أو الإهتمام به بحيث يتحتم على الفرد أن يعير المثير بعضاً من انتباهه حتى يحدث الإدراك ، فمثلما تتأثر استجابات الفرد بإدراكه فهي تتأثر بخصائص أخرى لديه مثل قدراته أو خبراته الذي يؤكده واقعه الفعلي ، ويختلف الأفراد في درجات إدراكهم للأشياء لسببين رئيسيين هما :

1- إنتقاء المعلومات .

يختلف الأفراد فيما بينهم من حيث انتقاء معلوماتهم،فما يشد انتباه طالب جامعة ناصر في الخمس لا يثير الانتباه لدىطالب جامعة الفاتح في العاصمة طرابلس،والأشياء التي يركز عليها الطالب الجامعي قد لا تكون نفس الأشياء التي يركز عليها الطالب الثانوي وبالتالي فالأشياء التي يدركها الطالب الجامعي لا تكون مطابقة مع الأشياء التي يدركها الطالب في المرحلة الثانوية(السامرائي،1999: ص127).

2- تفسير المعلومات .

إن الأفراد حتى لو تشابهوا في انتقائهم للمعلومات فإنهم قد يختلفوا في تفسيرهم لتلك المعلومات وفي إعطاء المعاني لها ، فالعبارة التي يسمعها كل من تلميذ الجامعة وتلميذ الثانوية قد تفسر من كل منهما بشكل يختلف عن الآخر .

● **مراحل عملية الإدراك .**

يسير الإدراك من الكل الى التفاصيل ثم الى الكل مرة أخرى في صيغة جديدة ، وبمعنى آخر من نظرة اجمالية مبهمة الى نظرة توضيحية مفصلة أي تحليل أجزاء الكل ودراسة ما بينها منن علاقات ثم إعادة تركيبها وتكوينها في صيغة جديدة ذات معنى ويلعب التأويل دور كبير في ذلك ، ويمر الإدراك بأربعة مراحل هي :

1) التعرض للمثيرات :

وهي عملية مواجهة الفرد للمثيرات مثل دخول الطالب لقاعة الامتحان أو سماعه لصوت معين

.

2) إستقبال المعلومات وتسجيلها :

وهي عملية استقبال المعلومات من خلال الأعصاب والحواس ، فالطالب مثلاً يسمع صوت والده وتوجيهاته فهو أيضا يهتم بنبرات صوت الوالد ويركز على عباراته ويلاحظ حركاته وانفعالاته وردود أفعاله .

3) التفسير والإنتقاء :

وهي عملية إنتقاء واختيار المعلومات وإعطائها المعاني ، وهنا تظهر الاختلافات بين الأفراد ، فنبرة الصوت وطريقة طرح العبارات التي تصدر من الأستاذ كتعبير الوجه وحركات يديه قد تفسر من قبل طالب (فرج مثلاً) على أنها مجرد توجيهات عادية تخص العمل المدرسي ، إلا

أنها تفسر بشكل آخر (ميلاد مثلاً) الذي يعتبرها إهانة موجهة له من قبل الأستاذ .

4) الإستجابة السلوكية :

وهي الناتج النهائي للعملية الإدراكي في ضوء ما أدركه الفرد ، ونـاتج العمليـة سـوف يحـدد ردود أفعاله وتصرفاته ، وقد تكون ردود الأفعال ظاهرة مثل قيام الفرد بالرد بالكلام أو العمل ، وقد تكون ردود الأفعال مستترة كأن يكون الفرد قد كبت مشاعر الغضب أو الحقد داخل صدره وهو إسلوب سلبي .

إذن الأفراد يختلفون في تعرضهم للمثيرات وانتقائهم للمعلومات وتسجيلها وتفسيرها وبالتالي فإنهم يختلفون في إدراكهم للمعلومات مما يؤدي الى اختلافهم في ردود الأفعال التي هي نتيجة لاستجاباتهم .

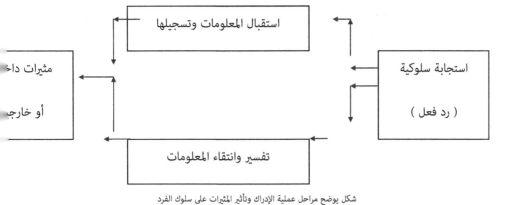

شكل يوضح مراحل عملية الإدراك وتأثير المثيرات على سلوك الفرد

● أثر المثيرات في الانتقاء الإدراكي .

من الملاحظ أن ليس كل ما يراه الفرد يثير انتباهه فالأفراد يختلفون فيما يدركونه من معلومات تستقبلها حواسهم ، فلو عرضنا نفس المعلومات عل فردين لوجدنا كل منهم انتقى معلومات تختلـف عـن الفرد الآخر . ذلك

لأن العوامل التي تؤثر على الإدراك تتعلق بخصائص المثير محل الإدراك (أي خصائص المعلومات ذاتها) وبخصائص الفرد نفسه ومنها :

- قوة أو شدة المثير .

فكلما كان المثير قوياً زاد إحتمال ادراكه ، فالصوت العالي يثير الانتباه أكثر من الصوت المنخفض ، والضوء يثير الانتباه أكثر من الضوء الخافت .

- تكرار المثير .

إن تكرار المثير للإنتباه يساعد على الادراك بشكل أفضل مع ملاحظة أن لايكون التكرار على وتيرة واحدة ، فتغيير المنبه يشد ويجذب الانتباه ، وعندما ينقطع وصت المنبه عن العمل كتوقف صوت غسالة الملابس يدفع المرأة لإخراج الملابس من الغسالة .

- حجم المثير .

وهو مهم في جذب الانتباه ، فكلما كان الشئ (المنبه أو المثير) كبير كانت له قدرة على جذب الانتباه مثل كتابة عبارات التحذير بحروف كبيرة حمراء لشد الانتباه أو وضع حجر كبير في شارع على حافة حفرة ليتجنب السائق هذه الحفرة .

- حركة المثير .

ذلك لأن المثير المتحرك يجذب الانتباه ، فالفرد الذي يتحرك ذهاباً وإياباً في قاعة مملوءه بالجالسين يثير الانتباه أكثر من الشخص الجالس الساكن

- التباين .

كلما كان المثير مختلفاً عما يوجد في محيطه ، كلما كانت له قدرة على جذب الانتباه مثلاً الحروف السوداء على لافتة بيضاء تشد الانتباه أكثر مما لوكتبت على لافتة رصاصية اللون أو بنية اللون .

● الجدة والألفة .

المثير الجديد أو الغريب الذي يتواجد في محيط مألوف يثير الانتباه ويشده مثل ارتداء فتاة الـزي اليابـاني في مدينة الخمس .

● **أثر خصائص الفرد في عملية الانتقاء الإدراكي .**

تؤثر العوامل الفردية في تحديد ما يدرك من خصائص المثيرات ومن أبرز هذه العوامل ما يلي :

1- الخبرات السابقة :

كل منا يضيف الى الموقف جزء من شخصيته الفردية ، حيـث أن خبراتنـا السـابقة سـتؤثر عـلى كيفية إدراكنا للموقف الحاضر ، فإدراكنا للأشياء أو المواقف الحياتيـة سـيكون دائمـا تحـت تـأثير خبراتنـا السابقة ، كما أن وجهات نظرنا وتوقعاتنا ستؤثر حتماً عـلى الكيفيـة التـي تـدرك بهـا الأشياء والمواقف ، فالطالب الذي لديه خبرة موجبة في مادة اللغة الانكليزية مثلا سوف يكون إدراكه لحصة اللغة الانجليزيـة مختلف عن إدراك طالب آخر له خبرة سالبة .

2- الحاجات والدوافع :

إن حاجات الفرد ودوافعه تؤثر على ما يثيره انتباهه حيث يركز على المعلومات التـي لهـا علاقـة بإشباع تلك الحاجات ، فحاجة الفرد الى الطعام أو الملبس تثير انتبـاه الفـرد الى المعلومـات التـي تتعلـق بالموضة أو المطاعم التي تقدم أنواع الطعام الذي يعجبه . وهكذا بالنسبة الى بقية الحاجات .

● **الإدراك الحسي .**

الفرد خلال حياته يتعرض لمثيرات ومنبهات مختلفة في حياته اليومية ، وينتقل أثرها للعقل عـن طريق الأعصاب الحسية ، ويبادر العقل

الى ترجمة هذه المؤثرات الى حالات شعورية بسيطة نسميها الإحساس ، فما هو الإحساس وما هو الادراك

.

- الإحساس Sensation

الإحساس هو الأثر النفسي الذي ينشأ مباشرة من تنبه حاسة أو تعرضها لمؤثر خارجي مما يـؤدي الى تأثر مراكز الحس في الدماغ ، كالإحساس بالروائح أو الأصوات ... الخ ، غير أن الإحساس ينقسم الى :

♣ الإحساسات الناتجة من الحواس الخمس (البصر ، السمع ، اللمس ، الشم ، السمع)

♣ الإحساسات المعوية .. وتنشأ مـن المعـدة ، كـالجوع أو العطـش ثـم الأمعـاء كالحاجـة الى الافراغ (التبرز ، التبول) ثم الرئة كالشعور بالانقباض وعدم الارتياح .

♣ الإحساسات العضلية الحركية ، وتنشا من تأثر العضلات والأوتار والمفاصل فهي تزودنا عـن الثقـل أو سرعته أو توازنه .

والإدراك الحسي هو تأويل الاحساس مما يـؤدي الى تزويـدنا بمعلومـات لزيادة معرفتنا بالعـالم الخارجي عن طريق أحد الحواس كأن تدرك وتميز رائحة حرق الورق عن رائحة حرق القماش ، أو إحساس الام بأن الطفل الذي يبكي هو ابنها .

والإدراك الحسي هو عبارة عن خطـوة أولى في سـبيل المعرفـة ، وهـو أسـاس العمليـات العقليـة كالتذكر ، التصور ، التفكير ، التعلم ... الخ . والإدراك الحسي يحدد السلوك كتعرض الفرد الى موقف يهـدد حياته كوجود الفرد داخل فندق يحترق إذ سرعان ما يهرب من الموقف ناقذاً لحياته .

ومن هنا نجد أن هناك علاقة بين الإحساس والادراك ، فالادراك هو العملية التي يقوم الفرد عن طريقها بتفسير المثيرات الحسية ، حيث تقوم

عمليات الاحساس بتسجيل المثيرات البيئية بينما يقوم الادراك بتفسير هـذه المثيرات وصياغتها في صـورة يمكن فهمها . والادراك يستمد مقوماته من الاحسـاس حيـث ينقلهـا الجهـاز العصبي الى المـخ حيـث تتم عملية الادراك .

● **النسق الإدراكي .**

يمر الإدراك بعدة مراحل منها :

● يدرك الفرد الأشياء ككليات مترابطة ، ذلك لأن الفرد لا يدرك الاشياء في تفردهـا وإنمـا يسـتوعبها وفـق نظام أو نسق ، فعندما يسمع الفرد حديث سبق وأن سمعه من شخص آخر فإنه لا يدرك نـبرة الصـوت أو الجمل أو الكلمات بمعزل عن تعبيرات وجه المتحدث ولكن كيف يتم هذا الربط ؟ يتم هـذا الـربط عـن طريق :

أ) العوامل الخارجية (خصائص المثير) .

ب) العوامل الداخلية (خصائص الفرد) .

♣ أ) العوامل الخارجية (خصائص المثير) .

ومن هذه الخصائص ما يلي :

1- التشابه : كلما كانت خصائص عدد من المثيرات متشابهة كلما تم إدراكها باعتبارها مجموعة واحدة .

مثال :

رؤية شباب يلبسون زياً موحداً يتم إدراكهم كفئـة واحدة متجانسة كأن يكن فريق كرة القدم .

كما أن الأشياء المتشابهة في الشكل أو السرعة أو اللون تـدرك عـلى شـكل صيغ ولا تـدرك منفـردة ، فمـثلاً مجموعة الدوائر والمربعات تدرك على شكل صفوف أفقية وليس صفوف رأسية وعامـل هـذا الإدراك هـو التشابه .

☐☐☐☐☐   ○○○○○   ☐☐☐☐☐   ○○○○○

☐☐☐☐☐   ○○○○○   ☐☐☐☐☐   ○○○○○

☐☐☐☐☐   ○○○○○   ☐☐☐☐☐   ○○○○○

☐☐☐☐☐   ○○○○○   ☐☐☐☐☐   ○○○○○

(شكل يمثل الأشياء المتشابهة في الشكل أو السرعة أو اللون)

2- التقارب الزمني أو المكاني ، ويقصد بها الأشياء المتقاربة في المكـان أو الزمـان يسـهل إدراكها كشـكل متكامل مكون من شكل وأرضية ، فعندما تظهر المثيرات متقاربـة زمنياً أي أنها تحـدث في نفـس الوقت فإنها ترتبط ببعضها في ذهن الفرد .

مثال :

يلاحظ الخياط توقف ماكنة الخياطة في الوقت الذي يستخدم فيه نوع معين من القماش ، ومن هناك يدرك الخياط أن هذا التوقف مرتبط بخصائص هذا القماش.

3- سد النقص ، هناك بعض الأشياء ناقصة تدعونا الى أن ندركها كاملة والسبب في ذلك أن الأشياء الناقصـة تسبب توتر لا يزول الا بإدراك هذه الأشياء كاملة ، فحين تكون المعلومات عن هذا الشئ ناقصة في بعـض عناصرها يحاول الفرد سد هذا النقص باستكمال هذا النقص ذهنياً ليدركها بعد ذلك كنسق مكتمل .

مثال :

رسم رسام كرسي ونسي أن يكمله ، فسرعان ما تميل أن ترى هذا الكـرسي بأرجلـه الأربعـة وذلـك باستكمالك هذا النقص ذهنيا .

4- إدراك الإطار الذي تقدم فيه المعلومات .. عندما نرى مجموعة من الاطفال في سيارة مكتوب عليها مدرسة تعطي لنا انطباعاً بأنهم طلاب متجهون لمدرستهم ، إذ جاء الاستنتاج نتيجة ربط مثير بآخر او خاصة بأخرى .

♣ ب) العوامل الداخلية (خصائص الفرد) .

وهو ما نبحثه في أثر العوامل الفردية على نسق الادراك منها :

1- الثقافة والمفاهيم الاجتماعية السائدة ، ذلك لأن ثقافة الفرد ومعتقداته ومفاهيمه يستمدها من الواقع الذي يعيش فيه وهي تؤثر فيما يدركه ، فالتصرفات التي تعتبر مقبولة في مجتمع ما قد لا تعتبر كذلك في مجتمع آخر .

2- علاقة الجزء بالكل في النسق الإدراكي ، ذلك لأن إدراك الشكل العام سابق لإدراك الأجزاء .

مثال :

لو نظر الفرد الى منظر طبيعي لكان أول ما يراه هو شكل عام ، فهو يكون انطباع عام ولو أطال النظر لاستطاع تفحص الأجزاء جزءاً جزءاً .

وهناك عوامل تؤثر في عملية إضفاء صفات الكل على الجزء منها :

♣ التماثل : وذلك عندما تقل الفروق الظاهرة بين الأشياء المدركة فإن الفرد يميل الى إدراكها باعتبارها متماثلة تماماً .

♣ الإطار المرجعي وهو الإطار المعياري الذي يتم بموجبه تقسيم الأشياء الى مجموعات ، وهو الذي يحدد خصائص كل مجموعة وبالتالي يتم تحديد خصائص المفردات التي تنتمي اليها ؟ فلو أدرجنا إسم سمير ضمن مجموعة المحامين فإنه يكتسب خصائص هذه المجموعة .

❖ المستوى المتوسط الذي يتم القياس به ، عادة ما يتخذ الفرد مستوى معيناً أساساً للمقارنة ، ومـن ثم يحكم على الأشياء استناداً لذلك الأساس .

مثال :

الأستاذ الذي إختبر التلاميذ في مادة الرياضيات والطالب الـذي حصـل 60 هـو مسـتوى متوسـط وبالتالي فما دون هذا المستوى ضعيف وما فوق هذا المتوسط جيد .

● إضطرابات الإدراك Disorders of Perception

بما أن الإدراك هو قدرة الفرد على إدراك البيئة عن طريق الحـواس وتفسـير معناهـا ، فـالمثيرات الموجودة في البيئة مثيرة الحواس التي تنقل الاحساس الى المراكز الخاصة في المخ حيث تفسر حسب المعنى المرتبط بها من خبرات الفرد السابقة ، وفي حالة اضطراب الإدراك نتيجـة مـرض عضـوي في المـخ او تعـرض الشخصية الانسانية لبعض الأمراض النفسية كالهلوسات بانواعها مما يؤدي الى سوء تفسير المثيرات الحسية نتيجة لوجود نقص أو عيب في أعضاء الحس ذاتها أو نقص أو عيب في أداء وظائفها .

الفصل العاشر

التذكر والنسيان

- التذكر .

- تعريف التذكر .

- مراحـل التذكر .

- أنماط التخزين للمعلومات .

- مقاييس التذكر .

- النسيان .

- الوعي والنسيان .

- نظريات النسيان .

- مفاهيم حول النسيان .

- تقوية الذاكرة .

- إضطرابات الذاكرة .

[التـذكــر]

تمهيد ..

يقول البعض " أنا أتذكر طفـولتي " ، ويقـول الآخـر " أمـس نسـيت موعـداً هامـاً " ، وبـين هـذا وذلـك نتساءل ما هو التذكر ؟ وما هي أهميته في حياة الفرد ؟ وما معنى النسيان ؟ ولماذا ننسى ؟ وما هي أسبب النسيان ؟

إن منحنى التعامل مع المعلومات في درساة التذكر تشير الى محاولة رسم نظائر بـين العمليـات العقليـة الانسانية وبين ما يجري من عمليات آلية في الحاسب الآلأ] ، فـتعلم المـواد هـو سـياق مـن المـدخلات والعمليـات والمخرجات مع حدوث الاكتساب في مرحلة المدخلات ، ويحـدث التـذكر في مرحلـة العمليـات والاسـتدعاء (قيـاس التذكر) كمخرجات ، ويأمل الاخصائيون النفسيون الذين يحاولون تشبيه الوظائف البشرية باسـتخدما الحاسـبات الآلية عند تحليل مدخلات الحاسوب الآلي ومخرجاته وعملياته حيث يمكن التوصل لما يحدث أثناء التعليم البشري (السامرائي، 1999 : ص 165).

● **تعريف التذكر :-**

يمكن تعريف التذكر بأنه :

1- التذكر : هو عملية استعادة الخبرات السابقة بصرية كانت أو سـمعية أو شـمية أو ذوقيـة أو لمسـية أو حركيـة والتعرف عليها (خير الدين : ص 169)

2- التذكر : هو الاحتفاظ بالماة (تخزينها) لفترة معينة من الوقت .

3- التذكر : هو عملية استدعاء المعلومات التي تم تخزينها سابقاً .

● **مراحل التذكر :-**

التذكر إحدى الوظائف العقلية الهامة ويتضمن أربع مراحل هي :

أ) مرحلة الاحتفاظ بقوة الأثر ووضوحه Impression .

ب) مرحلة الاحتفاظ بالأثر . Retention

ج) مرحلة الاسترجاع . Retrivat

د) مرحلة التعرف . Recognition

♣ أ) مرحلة الاحتفاظ بقوة الأثر ووضوحه .

ذلك كلما كان الأُر قوياً واضحاً كلما كانت مرحلة الاحتفاظ به سهلة وثابتة .

♣ ب) مرحلة الاحتفاظ بالأثر : ونعني بها تحصيل المعلومات وتثبيتها في الذهن ، وهذه العملية تتطلب توفر عاملين هما :

1- الشروط الموضوعية وهي ما يتعلق بمادة التحصيل وبطريقة تحصيلها.

2- الشروط الذاتية وهي ما يتعلق بالفرد المحصل للمعلومات .

أولاً / الشروط الموضوعية :-

* المعنى - أي كلما كان الشئ المراد حفظه ذا معنى كلما كانت عملية الاحتفاظ سهلة ، أما الشئ الذي لا معنى له يصعب حفظه .

مثال : لو قدمت لك الأسماء التالية :

1) وا - سو - مكو - عم (القائمة الأولى) .

2) شباك - قناص - مهندس - صاروخ (القائمة الثانية) .

3) اتق - شر - من - أحسنت - اليه (القائمة الثالثة) .

ففي القائمة الأولى كلمات يصعب تذكرها لأنها بدون معنى ، أما القائمة الثانية أيضا يصعب تذكرها لعدم وجود ترابط بين الكلمات . أما القائمة الثالثة فيسهل تذكرها لأنها كلمات مثل شائع (اتق شر من أحسنت اليه) وهي جمل مفيدة.

* العرض : أي يسهل الحفظ اذا كان العرض منظماً .

* التكرار : اذا أردت حفظ قصيدة فمن الأفضل تكرار قراءتها على فـترات موزعـة وسيكون الحفظ أبطأ اذا عاودت قراءة القصيدة مرات عديدة في وقت وجيز .

* الإيقاع : ذلك عندما يكون موضوع الحفظ سهل (سلس) ذا إيقاع موسيقي مـما يسهل عمليـة الحفظ وسرعته .

* التسميع الذاتي : وهو إعادة قراءة الموضوع دون النظر الى النظر ، وبعد مدة معقولة .

ثانياً / الشروط الذاتية :

وهي ما يتعلق بالفرد المحصل ذاته ويتوفر التذكر في أحسن حالاته عند الأمور التالية :

◆ تركيز الانتباه والرغبة في الحفظ - وهذا يسهل الحفـظ واجادتـه وذلك عـن طريـق التركيـز علـى الموضوع المراد تحصيله ورؤية العلاقات بين الشياء المراد حفظها والربط بينها .

◆ الاتفاق مع الميول الشخصية - ذلك عندما يكون موضوع الحفظ متوافق مع ميول الفرد المحصل .

◆ وضوح الغرض - كلما وضح الغرض من المادة المراد حفظها وأهميتها كلما سهل حفظها وتذكرها .

◆ الثواب والعقاب - تتأثر عملية الحفظ والتذكر بعامل المـدح أو اللـوم لهـما علـى أن يراعـى عـدم الاسراف بها .

◆ الذكاء والخبرة السابقة - وهو يختلف لدى الأفراد وذلك حسب مسـتواهم في الـذكاء وخبرتهم السابقة .

◆ الحالة النفسية والجسمية - وهو عامل يؤثر في عملية تذكر الفرد وتحصيله وقدرته على الحفظ ، فكلما كان الفرد مستريحاً نفسياً أو جسيماً كلما كان تحصيله أحسن وأقوى .

◆ وجود الفرد في نفس المجال - إن وجود الفرد في نفس المجال الذي اكتسب فيه الذكرى تعينه على استرجاعها ، فقد تعجز عن تذكر اسم شخص تراه في الشارع ولكنك تتذكر اسمه في بيئته العادية .

● ج) مرحلة الاسترجاع :-

وهي عملية استحضار (إسترجاع) المواد من الذاكرة ، وقد يكون الاسترجاع كلياً أو جزئياً ، ناقصاً أو مكتملاً ، وقد تكون الذكريات محددة بزمان ومكان .

فقد تسترجع بيت شعر سبق أن حفظته ولكنك لا تتذكر متى حفظت هذا البيت ، وقد يكون الاسترجاع لاستجابة مقصودة أو تلقائية تحدث دون مؤثر ظاهر أو مقصود كوثوب مقطع أغنية الى ذهنك دون مناسبة لظهورها ، وقد يأخذ الاسترجاع التلقائي صفة الميل القسري لاسترجاع الأفكار والمشاعر دون مؤثر تراكمي ظاهر، كالقلق الذي يلازمنا لفترة الأحلام التي تتكرر رؤيتها ، ويسمى هذا الميل الى استمرار النشاط حتى ينتهي بشكل حسي حركي أو انفعالي .

● معطلات الاسترجاع :-

أ) حشد الذهن بالمعلومات - لا تسهل عملية استرجاع المعلومات عندما يكون ذهن الفرد مزدحم بالمعلومات على صورة فوضوية غير مرتبة بحيث يصعب على الفرد أن يتذكر ما حصله حين يحتاج اليها .

ب) تداخل العوامل - حيث تتداخل عدة عوامل فتعطل عملية الاسترجاع ، فقد تحاول استرجاع عملية ضرب (5×9) فتثور في الذهن عدة إجابات مما يؤدي الى تضارب الاجابات .

ج) الإصرار ونعني به الإصرار على الاسترجاع الخاطئ ، فمن الملاحظ أن الفرد قد يصعب عليه استرجاع المواد التي اشتراها ولكنه إذا أصر على استرجاعها لم ينفعه هذا الاصرار ، لكن اذا ترك الاصرار لفترة وذهب لموضوع آخر فسرعان ما تثب الى ذهنه المواد التي اشتراها بشكل تلقائي .

- **تسهيل أو تعجيل الاسترجاع :-**

يمكن أن نسهل أو نعجل الاسترجاع إذ اتبعنا ما يلي :

- إستعداد وتأهب الفرد للقيام بنشاط معين ذهنياً أم حركياً ، ويبدو أثر ذلك حينما نحاول تذكر ما نسيناه من مواد بعد الامتحان أكثر بكثير مما نسيناه قبل الامتحان .

- الاستمرار - من طبيعة الفرد أنه يملك ميلاً قوياً الى الاستمرار في نشاطه فيما اذا بدا بهذا النشاط ، ذلك لأن الأعمال الناقصة غير الكاملة تخلق لدى الفرد نوعاً من التوتر لا يزول الا عند إتمامه لهذه الأعمال ، فالأعمال الناقصة أسهل في استرجاعها من الأعمال المكتملة .

- **د) مرحلة التعرف :**

التعرف هو مرحلة تصاحب مرحلة الاسترجاع ، وهو أقل تعقيد لأن التعرف يصاحبه وجود الشئ أمام الشخص أو في ذهنه ، وقد يكون التعرف مباشر اذا تعرف الفرد على الشئ بمجرد رؤيته ، أو قد يكون غير مباشر اذا أثار الشئ المرئي ذكريات بواسطتها يمكن التعرف عليها .

● أنماط التخزين للمعلومات :-

تتخذ الذاكرة عدة أنماط لغرض تخزين المعلومات ومن هذه الأنماط ما يلي :-

❶ التخزين الحسي :

وهو عملية الاحتفاظ بالمعلومات والموضوعات في صورة حسية وغير منظمة أي قبـل أن تقـرأ أو
تصنف أو تفسر ، ويعتقد أن هذا النوع يـدوم لفـترة قصيرة . وعـلى الـرغم مـن ان طـول الفـترة الفاصلـة
للاسترجاع قد تختلف (من جزء على مائة مـن الثانيـة الى ثـوان عديـدة) معتمـدة في ذلـك عـلى العمليـة
الحسية ، فإن هذه المعلومات والموضوعات إما أن تعامل أو تنتقل من الذاكرة الحسية الى التخزين قصير
المدى أو تخزين طويل المدى أو تفقد (تنسى) أو تهمل .

❷ التخزين قصير المدى :

ويستمر هذا التخزين من ثانية واحدة الى ثلاثين ثانية بعد عرض مثير ، ويحدث التعامل المبـدئي
مع مادة المثير في هذه المرحلة حيث يتم نقل المعلومات من التخزين الحسي أثناء هذه الفترة ، وقد ينظر
الى التخزين قصير المدى على أنه فترة مؤقتة أو مرحلية وهو الخطوة الثانية بعد التخزين الحسي ـ الـذي لا
يحدث فيه أي تعامل مع المواد ، واذا لم يحدث التعامل مع المادة (المعلومة أو الموضوع) فإنها سرعان ما
ستهمل .

❸ التخزين طويل المدى :

ويحدث هـذا عنـدما تعـالج أو تعامـل مـواد التخزين الحسي ـ أو التخـزين قصـير المـدى ويـتم
تسجيلها ، وبمعنى آخر عندما تعامل هذه المادة   (المعلومة) لأجل تذكرها لفترة تزيد عـن ثلاثين ثانيـة
يحدث إكتساب أولي

مصحوباً بقدرة الفرد على الاتيان بالاستجابة المناسبة يصبح لحالات التخزين طويل المدى فترات تذكرية غير محدودة .

ومن الملاحظ أن العمليات المتضمنة في التخزين طويل المدى أو في التذكر قصير المدى هي عمليات لا تزال موضع حدس وتخمين ، ويظهر ذلك جلياً في أنها تتطلب نشاطاً في الجهاز العصبي المركزي ، وذكريات تم الاحتفاظ بها الى حد ما في المخ لكن لم يمكن تحديد ذلك حتى الآن للمتغيرات التي تحدث في ثنايا هذه العملية .

● **مقاييس التذكر :-**

صمم الاخصائيون النفسيون عدداً من الطرق لقياس التذكر وبذلك يحاولون استعادة وقياس المعلومات التي تم الاحتفاظ بها في الذاكرة ومن هذه :

<u>قياس التعرف :-</u> وهو قياس لتذكر الاجابة الصحيحية ضمن مجموعة من العبارات التي تصلح لأن تكون اجابة محددة لواحدة من العبارات التي يظن أنها الاجابة الصحيحة ، ويمكن بعد ذلك الحصول على تقدير موضوعي لمثل هذه الاختبارات وتجمع عدد الاجابات الصحيحة بحيث يمكن تحديد ذل دون تأثير متحيز كأسئلة المزاوجة أو الاختيار من متعدد بمثابة تعرف لقياس التذكر .

<u>قياس الاستدعاء :-</u> وذلك عن طريق أن تقدم للمفحوص حد أدنى من العبارات وتطلب منه إعطاء معلومات اضافية بحيث لا تقدم له إجابات صحيحة أو خاطئة قبل أن يستجيب الفرد لذلك مثل أسئلة التكملة أو أسئلة المقالة .

قياس إعادة التعلم : قد يتطلب من الأفراد في بعض المواقف إعادة تعلم موضوعاً ما سبق لهم أن تعلموها ، حينئذ يمكن مقارنة كمية الوقت أو عدد المحاولات اللازمة لإعادة التعليم بكمية الوقت أو عدد المحاولات للازمة للتعلم الأصلي ، ويمكن قياس التذكر بعد ذلك بواسطة درجة التوفير التي تتضح في إعادة التعلم .

درجة التوفير $= \frac{\text{التعليم الأصلي — إعادة التعلم}}{\text{التعلم الأصلي}} \times 100\%$

حيث نصل الى النسبة المئوية للتذكر .

[النسيان Forgetting]

تمهيد ..

النسيان هو عملية ضعف استرجاع المعلومات من الذاكرة ، وقد يكون هذا النسيان نعمة للفرد مثل (فقدان شخص عزيز) ، إذ يخلصه من التوتر والحزن ، ويلجأ الفرد في ذلك الى كبث شعوره بفقد شخص عزيز في ثنايا الذاكرة . كما أن النسيان قد يكون نقمة كنسيان العلومات الدراسية في قاعة الامتحانات ، وقد يكون سبب هذا النسيان عجز طبيعي جزئي أو كلي ، دائم أو مؤقت عن تذكر ما كسبناه من معارف وخبرات وذلك ناتج عن العجز في الاسترجاع ، وقد يكون سبب هذا النسيان عضوياً كتلف لبعض أجزاء المخ أو نفسي كنسيان مالايتماشى مع ميولنا واتجاهاتنا النفسية.

ويمكننا أن نعرف النسيان بأنه عملية ضعف أو عجز في استرجاع ما تم إكتسابه من معارف وخبرات .

● **الوعي والنسيان :**

يقصد بالوعي Retention احتفاظ الفرد بما مر به من خبرات وبما حصل من معلومات وما كسبه من عادات ومهارات ولولا هذه القدرة على الوعي ما استطعنا أن نتعرف على بعض الأشياء والاشخاص ، فالقدرة على الوعي هي استعداد فطري يقوم على أساس عصبي يختلف باختلاف الأفراد ، فلا سلطان للفرد على إنمائه وقويته فلقد دلت التجارب في موضوع الوعي والنسيان الى أن النسيان في أول الأمر سريع ثم يأخذ بالتباطؤ تدريجياً بمضي الزمن حتى يصبح بطيئاً جداً، ويمثل الشكل التالي منحنى النسيان (أرنوف ، 1995 : ص 195) .

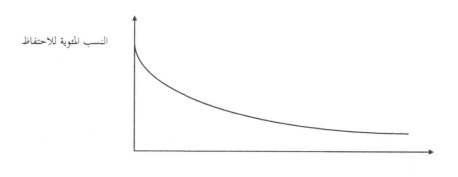

النسب المئوية للاحتفاظ

0   الزمن المنضي بعد التعلم   4

<u>شكل يوضح علاقة الزمن بالنسيان</u>

● **نظريات النسيان .**

مشكلة النسيان تشغل كثيراً من الأفراد بشكل عام والعلماء بشكل خاص ، مما دفع العلماء الى الاهتمام بهذه الظاهرة حيث قدموا عدة نظريات تم إعتماد قسم منها على صعوبات الاسترجاع وفقدان آثار التذكر وتقصي الدافعية والتداخل ، وسنتناولها بإيجاز :

❶ نظرية الترك والضمور .

وهي تفترض ما يلي :-

◆ أن الذكريات والخبرات السابقة تضعف آثارها وتضمحل لعدم استعمال هذه الخبرات وهذا يعني الفشل في استدعاء أثر الذاكرة .

◆ أن أثر الذاكرة يضمحل وبالتالي يفقد تدريجياً ويجب أن تكون هناك ممارسة من الفرد حتى يتوقف هذا الاضمحلال .

◆ يظهر منحنى النسيان النموذجي عدم وجود شيء يعطل الاسترجاع ما عدا متغير الزمن الذي يكون قد أسهم في فقدان الذاكرة .

مثال: يمارس كاتب الطابعة التمرين ، ولو سألته لماذا ؟ فسوف يجيب (أمارس التمرين حتى لا أنسى) ذلك لأن الذاكرة تعتمد على الاستخدام بينما يحدث النسيان نتيجة عدم الاستخدام .

❷ نظرية التداخل والتعطيل .

وتفترض هذه النظرية الآتي :

◆ إن أوجه النشاط المتعاقبة التي يقوم بها الفرد أو تعرض له نهاراً يتداخل بعضها في بعض .

مثال : الأطفال يتذكرون في سهولة ما يروى لهـم مـن قصص قبيـل النـوم عـلى حـين لا يتـذكرون تفاصيل القصص نهاراً .

❸ النسيان كإخفاق في الاسترجاع .

تفترض هذه النظرية الآتي :

◆ النسيان يحدث نتيجة لفشل الفرد في اسـترجاع بعـض الموضوعات التـي تـم اختزانها بالفعل في الذاكرة .

◆ يحدث إكتساب معلومات ولكن هناك أشياء تعمل عـلى النسيان مثـل سـوء تنظيم التخـزين في الذاكرة وسوء الاثارة والدافعية ، وهو ما يمنع الفرد من الأداء الذي يظهر المواد المختزنة .

◆ إن الـذكريات تكـون في الحقيقـة موجـودة ، إلا أن نقـص التنظيـم في المـؤثرات أو في التلميحـات المناسبة ، أو في بعض المتغيرات الأخرى قد تعوقنا من استثارة الذاكرة .

❹ نظرية الكبت .

تشير النظرية الى :

◆ أن بعض النسيان يحدث لأن الشخص يرغب في نسيان بعض الأشياء ، على اعتبار أن النسيان يعتبر وسيلة من الوسائل التي يستطيع الفرد بواسطتها أن يحمي شخصيته (أرنوف ، 1995 : 197) .

◆ الذكريات سهلة المنال وتوجد في ما قبل الشعور .

- الذكريات التي قد تثير القلق تدفع الى أعماق الذاكرة في اللاشعور حيث لا يمكن استدعاءها بسهولة .
- يعمل الكبت على دفع الذكريات في اللاشعور .
- الذكريات المكبوتة تستمر في التأثير على السلوك في صورة دواقع لاشعورية .

● مفاهيم حول النسيان :

أجرى علماء النفس كثير من البحوث والدراسات جاءت بعدة مفاهيم حول النسيان ومنها :

1. يختلف الأفراد من حيث قدرتهم على الوعي ومن حيث سرعة النسيان .
2. المبادئ والاتجاهات والأفكار العامة وطرق التفكير أصعب على النسيان من الوقائع والمعلومات .
3. حفظ مادة ذات معنى يكون نسيانها بطئ .
4. المعلومات والمحفوظات اللفظية أسرع للنسيان من المهارات الحركية أو العادات .
5. نوع النشاط الذي يمارسه الفرد بعد الحفظ يؤثر على درجة النسيان .
6. النسيان أسرع نهاراً منه أثناء النوم .
7. النسيان يكون أسرع من أول الأمر أي بعد الحفظ ، لكنه يفقد نصف ما حفظ خلال العشر ساعات الأولى من حفظه .
8. يكون النسيان أسهل عند تعلم مادتين في وقت واحد .

● تقوية الذاكرة :

من الملاحظ أن تجارب العلماء توصلت الى أنه ليس للإنسان ذاكرة عامة واحدة ، بل أن للانسان مجموعة من الذاكرات المتعددة مستقلة للأشكال والألوان ووجوه الناس والمعاني والعلاقات ... وقد تكون أحدها أو

بعضها قوية بينما الأخرى ضعيفة عند نفس الفرد ، فهناك التذكر الحركي والتذكر اللفظي وتذكر المعلومات والتذكر المنطقي وهو التذكر الذي يستند الى الفهم والتفكير دون التقيد بالألفاظ والتفاصيل .

● إضطرابات الذاكرة Disorders of Memary

التذكر : هو إحدى الوظائف العقلية الهامة ، ويتضمن عمليات ثلاث متكاملة هـي التسجيل والحفظ والاستعادة أو الاسترجاع ، والذاكرة مهمة من وجهة نظر أحداث التوافق النفسيـ حيـث تسـاعد الخبرات الماضية للشخصية على التوافق بسهولة مع الخبرات الجديدة ، وقد يحدث الاضطراب في الـذاكرة بالنسبة للخبرات المباشرة الحديثة أو المتوسطة أو البعيدة الماضية ومن هذه الاضطرابات (زهـران، 1978 : ص 149) .

◆ حدة الذاكرة Hyperamnesia - وهي فرط عمليات التذكر حيث تزداد حدة تذكر المريض لكـل تفاصيل خبرات معينة وخاصة الخبرات الأليمة أو الخبرات السعيدة المشحونة انفعاليا كالهوس .

فقدان الذاكرة أو النسيان Amnesia - وهو فقدان القدرة على تذكر أحداث فترة معينة ويكون جزئياً او كلياً ، مؤقتاً أو دائماً ، وقد يكون فقدان الذاكرة عضوي المنشأ كما في حالات الإدمـان أو الشـيخوخة .. وقـد يكون فقد الذاكرة نفسي المنشأ أي وظيفياً كما في بعض حالات الهستيريا .

الفصل الحادي عشر

التفـــكيــر

- ● التفكير .

- مفهوم التفكير .

- أعراض التفكير .

- العلاقة بين التفكير والإدراك .

- أنماط التفكير .

- أدوات التفكير .

- مستويات التفكير .

تمهيد ..

قد تلتقي بأحد أقربائك وتسأله لم نراك منذ مدة ويجيبك بأنه مشغول بالتفكير بزواج والده ومصاريف ذلك ، أو أنه يفكر بالانتقال من مسكنه في المدينة الى الريف ، وفي كل الأحوال قد يكون التفكير عميق وموجه أي يحدث بقصد الاستدلال[1] أو لغرض حل مشكل ما أو لغرض الابتكار[2] أو الوصول الى هدف ما وقد يكون التكفير ذاتي غير هادف أو غير منتج ، غير أنه بوجه عام يحدث مثل هذا النمط من التفكير بلا قصد كما في أحلام اليقظة ، ويتقارب إسلوب التفكير بأسلوب الحاسب الآلي الذي أصبح ينافس عمليات التفكير الانساني وذلك لأن تفكير الفرد يسير في تتابع برنامجي معين يستطيع الحاسب الآلي تقليده ذلك لأن التفكير الانساني يشكل انطلاقه غير محدودة يصعب على الحاسب الآلي تمثيله لأنه يتطلب عمليات ابتكارية غير واضحة الهدف .

● **مفهوم التفكير .**

لم يتفق علماء النفس على تعريف واحد لمفهوم التفكير ولذلك سندرج تعريفين لمفهوم التفكير .

1- التفكير : عملية داخلية من التوسط الرمزي[3] وغالبا ما يعزى الى العقل .

2- التفكير : هو عملية ذاتية داخلية تعزي لنشاط العقل وتشير الى التوسط الرمزي باستخدام الرموز لقياس الفاصل الزمني بين تقديم المثيرات الخارجية وبين الاستجابات التي تم تجاهلها .

---

(1)الاستدلال هو محاولة لحل مشكلة ما عن طريق الجمع بين جانبين أو أكثر من تجارب الخبرة السابقة.
(2)الابتكاء هو إسلوب يتيمز بتقديم حلول أصلية وبناءه وغير عادية لحل المشكلات .
(3)الرمز هو كل ما ينوب عن الشئ ويشير اليه أو يعبر عنه أو يحلمحله في غيابه .

● أنواع التفكير :

يرى بعض العلماء أن التفكير نوعان هما :

❶ تفكير عام - وهو كل نشاط عقلي أدواته الرموز . أي يستعيض عن الأشياء والأشخاص والمواقف والأحداث برموزها بدلاً من معالجتها معالجة فعلية واقعية وهو إعمال النظر والتأمل في الأشياء للوصول الى حكم سديد(خير الدين:ص187).

❷ تفكير خاص - وهو حل المشكلات بالذهن وليس بالفعل (التفكير الاستدلالي).   (راجح : ص 330).

● أغراض التفكير :

للتفكير صورة عديدة تختلف باختلاف الغرض الذي يرمي اليه الفكر ، فقد يكون :

الكلمة	نطلق عليه	الغرض من التفكير	م
الفهم	←	الغرض منه فهم كلمة .	1
الحكم	←	لإثبات شئ أو نفيه .	2
القياس	←	معرفة حكم جديد من حكمين معروفين .	3
التعليل	←	الغرض منه معرفة السبب في حادثة أو حكم من الأحكام.	4

● العلاقة بين التفكير والإدراك :

يؤدي التفكير على الأغلب الى إدراك علاقة بين مفهومين فمثلاً :

● إدراك العلاقة بين خبرات ماضية وخبرات حاضرة .

● إدراك العلاقة بين خبرات حاضرة (بعضها ببعض) .

● إدراك العلاقة بين معنين .

- إدراك العلاقة بين مقدمات ونتائج .

- إدراك العلاقة بين العلة والمعلول .

- إدراك العلاقة بين المجهول والمعلوم .

- إدراك العلاقة بين العام والخاص ... الخ .

● أنماط التفكير :

يسلك التفكير نمطان هما :

- التفكير الموجه : وهو ما يحدث لهدف ، حيث أن قدر كبير من تفكير الفرد يتوظف في محاولات لحل المشكلات التي تواجهه .

- التفكير الذاتي : وهو تفكير غير هادف يستخدم الرموز كما في أحلام اليقظة ، حيث أن الرموز تعمل كمثيرات مقبولة وبدرجة شائعة لحدث أو فكرة أو لشئ ما ، وقد تكون الرموز على شكل صور أو أي معنى يدل عليه بشكل عام لتمثيل شئ معين .

● أدوات التفكير :

يعتمد التكفير على استرجاع الخبرات السابقة (المتعلمة) فنحن لا نستطيع حل مشكلة ما دون أن نستخدم ما تعلمناه سابقاً ، فالاسترجاع شرط ضروري للتفكير وهو يقتضي تنظيم الخبرات السابقة لحل المشكلة الحاضرة ، وقد دل الاستبطان التجريبي على أنه يمكن استرجاع الماضي بثلاث طرق وهي :

1- الصور الذهنية .

2- التفكير بكلام باطن .

3- التصور العقلي (لمعان وأفكار) .

1) الصور الذهنية :

وتشمل على عدد من الصور الحسية واللفظية التي يمكن تمثيلها بعين العقل، فقد تنظر الى كتاب بين يديك ، فالكتاب هو مدرك حسي ويمكن تمثيل عدة صور أخرى بعين العقل كما في الجدول التالي :

[جدول يمثل الصور حسية ذهنية]

م	التفكير بالصورة	ينتج	شكل الصورة
1	لو استطعت أن تتصور ملمس الحرير	←	صورة حسية لمسية
2	لو أغمضت عينيك سوف ترى خارطة منزلك	←	صورة حسية
3	لو تصورت قيامك بحركة لتعليق ستارة مثلاً	←	صورة حسية حركية
4	لو تخيلت أن استمتعت بتذوق اللحم المشوي	←	صورة حسية ذوقية
5	لو مر في خيالك رائحة ورد زنبق	←	صورة حسية شمية
6	لو تخيلت أنك تسمع صوت انفجار	←	صورة حسية سمعية

[جدول يمثل الصور اللفظية الحسية]

م	شكل الصورة	ينتج	التفكير بالصورة
1	تصورة عنوان كتاب أو تصور كلمة مكتوبة	←	لفظية بصرية
2	كلمة ينطق بها طفل	←	لفظية سمعية
3	تصور رسم خارطة	←	لفظية حركية
4	تصور نطق كلمة من الكلمات عن طريق الاحساسات العقلية التي نشعر بها	←	لفظية صوتية حركية

ومن الجداول السابقة نجد أن الصور الذهنية حسية كانت أم لفظية هي خبرة أو واقعة ذات طابع حسي- يستحضرها الذهن ، غير أن الادراك الحسي هو الانتباه لأشياء حاضرة بالفعل وتؤثر على الحواس كما أن التصور هو استجلاب (إحضار) هذه الأشياء الى الذهن على هيئة صور في غياب التنبيهات الحسية .

2) التفكير بكلام باطن :

كثيراً ما يتحدث الانسان الى نفسه وهو يفكر ، فمثلاً غالباً ما يكون التفكير حديث مع النفس أو توبيخ للنفس أو نقد للنفس .. الخ . واللغة في الأساس هـي عامـل مـن عوامـل تنظيم التفكير وتسـهيله وتوضيحه ، فاللغة الصامتة التـي يسـتعملها الفـرد في تفكيره هـي نشـاط حـركي دقيـق لأعضـاء النطـق (الحنجرة ، اللسان ، الشفتان) وتوضح المدرسة السلوكية الميكانكية أن التفكير ما هو إلا مجرد كلام بـاطن ، وقد تم معارضة آراء هذه المردسة بعدة نقاط منها :

♣ أن التفكير الباطن قائم لدى الطفل قبل أن يستطيع الكلام .

♣ يمكن التعبير عن الأفكار بواسطة الاشارات (كحركة الأيادي والعيون ... الخ) .

♣ يمكن التفكير أحياناً بالصورة الذهنية وقد يتم التفكير دون أن يقترن بكلام باطن .

♣ قد لا تتماشى اللغة مع التفكير (تفكر بشئ وتنطق بشئ آخر) .

♣ التفكير أسرع وأغزر من أن تلحق به اللغـة ونعـبر عنـه في بعـض الأحيـان ، وبمعنـى آخـر هـو أن التفكير أسرع من الكلام وأسبق وأكثر وفرة .

3) التصور العقلي (لمعـان الأفكـار) .

حيث يلاحظ أننا قد نسترجع خبرات الماضي دون صورة ذهنية أو كلام باطن عن طريـق التصـور العقلي لمعاني وأفكار ، كأن تفكر في بعض الأمور .

● مستويات التفكير .

للتفكير ثلاث مستويات هي المستوى الحسي والمستوى التصوري والتفكير المجرد .

❶ المستوى الحسي : قد يصعب أو يستحيل في بعض الأحيان التفكير ما لم نعتمد على أشياء أو موضوعات شاخصة أمام الحواس ومؤثرة فيها ، فالطفل في السنوات الأولى من تعليمه مادة الرياضيات يستعان بحبات الحمص أو الفاصوليا لتعليمه ما اذا كانت هذه العناصر تنتمي الى هذه المجموعة أو لا تنتمي .

❷ التفكير الصوري : وهو ما نقصد به الاستعانة بالصورة الحسية المختلفة

❸ التفكير المجرد : وهو تفكير يعتمد المعاني المجردة وما يقابلها من ألفاظ أو أرقام لا على ذواتها المادية المجسمة أو صورها الذهنية . فالتفكير هو الذي يرتفع عن مستوى الجزئيات العينية الملموسة والأشياء الخاصة الى مستوى المعاني والقواعد والمبادئ العامة (راجح : ص 345) كالتفكير في الحرية أو الفضيلة أو المثالية .

● مراحل التفكير العلمي (وهو طريقة متعلمة) .

في بعض الأحيان يتعرض الفرد الى مثير يسبب له قلقاً من مشكلة ما وهذا يدفع به الى تنظيم أفكاره متبعاً طريقاً يقوده لدراسة هذه المشكلة أو الظاهرة ليجد فيها الحلول التي تريحه من القلق ومثل هذا التنظيم يسمى بالتفكير العلمي ، وهو يمر في مراحل وهي :

1. شعور الفرد بشئ من القلق بسبب وجود مشكلة ما .

2. تحديد المشكلة أو تعريفها وهذا يتطلب قوة الانتباه وشدة الملاحظة .

3. وضع فروض لحلول مبدئية متعددة في الذهن .

4. مناقشة هذه الفروض أو الحلول واحد واحد ويتوقف ذلك على سرعـة الادراك ودقـة التفكـير وحضور البديهة .

5. ترجيح واحد من هذه الفروض بعد ظهور أسباب الترجيح ، ويرجع النجـاح في ذلك الى المثابرة والتأني والدقة في الموازنة بين الفروض .

ومن المعروف أن لكل عملية تفكيرية باعث أو غاية ، فالباعث هو الشعور بوجود المشكلة التي تسبب للفرد قلقاً نفسياً أو ألماً نفسياً لا يزول إلا إذا حلّت المشكلة والغاية هـي حـل المشكلة بتحقيق الغرض من التفكير . علماً أن حل المشكلات يتطلب مجموعتين من الاستعدادات والعمليات العقلية وهي :

أ) مجموعة تتصل بالماضي وتشمل الذكاء والقدارت الخاصـة والتجـارب السـابقة وغـزارة المعرفة والإلمـام بالنظريات العلمية بالاضافة الى قوة الذاكرة وسعة الخيال.

ب) مجموعة تتناول المشكلة بالفعل حيث تركز الانتباه مع زيادة قوة الملاحظة وإدراك العلاقات والروابط بين بعض عناصر الموقف .

● المتغيرات المؤثرة في حل المشكلة :-

تعتبر المشكلة نوعاً من الأداء ، وهذا يخضع لـنفس المثيرات التي تـؤثر عـلى أنماط أخرى مـن السلوك ، فعلى سبيل المثال - الخبرة السابقة ، والدافعية والتي تؤثر على مستوى الأداء في حـل المشكلة . فالخبرة السابقة تؤدي الى أن يستجيب الفرد بطريقة معينة عند محاولته حل مشكلة مـا مستنداً في ذلك الى الموقف والعادة [1] والتأهب [2] .

---

(1)العادة : هي التي تتضمن ميلاً طويل المدى للإستجابة بطريقة معينة .

(2)التأهب : هو الميل للإستجابة بأسلوب معين .

فالدافعية ذات المستوى المنخفض جداً تـؤدي الى مسـتوى أداء ضـعيف في حـل المشـكلة ، فكلـما إزدادات مستويات الدافعية ارتفع مستوى الأداء ، ولكن إلى حد معين (حيث تـؤدي مسـتويات الدافعيـة المرتفعـة جداً الى خفض مستوى الأداء) بالاضافة الى ذلك فقد تؤثر دافعية معينـة عـلى انتبـاه الفـرد موجهـة هـذا الفرد لمنشكلات معينة أو تصده عنها . وقد يستخدم الاستبصار لوصف الظاهرة التي تطرح فيها مشكلة ما حيث يتبع ذلك فترة تخلو من أي تقدم واضح في حل المشكل وعندها يحدث الحل بصورة مفاجئة .

ومما تجدر الاشارة اليه أن الخاصية الرئيسية للاستبصار تتمثل في فجائيـة الحـل بمعنـى التقريـر المفاجئ لإفتراض ما يمكن اثبات صحته ، والاستبصار شئ شخصي ، ومن الصعب وصفه كعملية نفسية وقد يؤدي الى الابتكار الذي هو إسلوب خاص لحل المشكلة وخاصة عندما ينتج الفرد حلاً أصيلاً غير شـائع مـن قبل لحل المشكلة فهو نوع من التفكير المنطلق (التفكير الابتكاري) الذي يحـاول فيـه الفـرد أن ينـتج حـلاً جديداً أو مختلفاً لمشكلة ما .

الفصل الثاني عشر
الذكاء والفروق الفردية

- ● الذكاء .

- تمهيــــد .

- تطور مقاييس الذكاء .

- مقاييس الذكاء وأنواعها .

- إختلاف مظاهر السلوك وعلاقته بالذكاء .

- خصائص الشخص الذكي .

- العوامل المؤثرة في نمو الذكاء .

- مظاهر الذكاء .

- ● الفروق الفردية .

- تعريف الفروق الفردية .

- بماذا يختلف الأفراد .

- أنواع الفروق الفردية .

- مظاهر الفروق الفردية .

- العوامل المؤثرة في الفروق الفردية .

- أسباب الفروق الفردية .

- المؤثرات في الفروق الفردية .

[الذكاء Intelligence]

تمهيد ..

يعد مفهوم الذكاء من أكثر المفاهيم السيكولوجية التي يدور حولها الجدل والحوار في مختلف المجالات التطبيقية التربوية والنفسية والاجتماعية ، وذلك لما يترتب على هذا المفهوم وأساليب قياسه من مشكلات اجتماعية وتربوية ، كالتشخيص غير الدقيق للأطفال المتخلفين عقياً ، وقد دلت المقاييس السيكولوجية على أن الأفراد يختلفون في قدراتهم وسماتهم إختلافاً كلياً . وأن قدرات الفرد الواحد وسماته يختلف بعضها عن بعض في القوة والضعف ومعنى ذلك أن هناك فروق في الفرد نفسه بالاضافة الى أن هناك فروقاً بين الأفراد وان هذه القدرات والاستعدادات موزعة بين الأفراد توزيعاً طبيعياً ، كما أن هذه الاختلافات أو الفروق الفردية ترجع الى الوراثة أو البيئة أو كلاهما معاً . ويمكن قياسها عن طريق أداء الفرد .

● تعريف الذكاء :-

لقد عمل بعض العلماء الذين حاولوا تعريف الذكاء على تجنب التعريفات التصورية أو الجامدة للذكاء ، لذلك لجأوا الى وصفه أو تحديد خصائصه أو ما يترتب عليه من سلوك إنساني ، وذلك على الرغم من أن بعضاً آخر منهم استخدم مفهوم الذكاء على أنه يعني الاستعداد الفطري للفرد مما لا يمكن قياسه قياساً مباشراً . ومن أمثلة تعريفات الذكاء في ضوء ما يترتب عليه من سلوك ما يلي :

● الذكاء - هو تجمع من القوى أو القدرات العقلية والحكم والحس العملي، والمبادأة ، والقدرة على التكيف مع الظروف المحيطة [تعريف بينية ، وسيمون عام 1905] .

- الذكاء - هو القدرة على التفكير المجرد [تعريف تيرمان عام 1920].

- الذكاء - هو قدرة على الفرد الكلية على العمل الهادف والتفكير المنطقي والتعامل مع بيئته بفاعلية . [ويكسلر 1998] (علام ، 2000 : ص 347).

ومن التعريفات السابقة نجد أن معظم التعريفات التي تناولت الذكاء ترتكز عل مدى قدرة الفرد على التعلم المتمثلة في حل المشكلات والتجديد والابداع والابتكار . غير أن بعض العلماء تناول الذكاء من الناحية الاجتماعية ، فعرفه على أنه القدرة على التكيف مع المواقف الجديدة ويقصد بذلك الظروف الاجتماعية التي يوجد فيها الفرد أو ينتقل اليها ، ومثل هذا التعريف يتناول الخصائص التي يتميز بها الأذكياء كالقدرة على الفهم والتعلم بسهولة ويسر ، والوصول على الحلول الصحيحة للمشكلات والمسائل والقدرة على التميز والتركيز والانتفاع بالخبرات السابقة ، والقدرة على التأمل والبحث في النواحي المجردة والقدرة على التكيف مع البيئة والتعامل الاجتماعي ، وهذا ما دعا الى تعدد التعاريف ، ولقد تناولت تعاريف الذكاء من حيث :

أ) الذكاء من حيث وظيفته وغايته .

- ♣ الذكاء هو القدرة على التكيف العقلي للمشاكل ومواقف الحياة الجديدة (شترن Stern) .

ب) الذكاء من حيث بناءه .

- ♣ الذكاء قدرة فطرية عامة او عامل عام يؤثر في جميع أنواع النشاط العقلي مهما اختلف موضوع هذا النشاط وشكله (سيبرمان Speaman) .

- ♣ الذكاء هو القدرة على إدراك العلاقات (حسين ، أميمه ، 1983 : ص 314) .

● تطور مقاييس الذكاء :-

حاول العديد من العلماء قياس الذكاء ومن هذه المحاولات :

- محاولة (لافتير 1772) وفيها يعتمد على معرفة استعدادات الشخص وميوله من ملامح وجهه (السامرائي ، 1999 : ص 221) .

- محاولة العالم كاتل وزملائه (1890) وكان أول من استخدم مفهوم الاختبار العقلي Mentel test ، غير أنه اعتبر القدرة العقلية العامة تنعكس في التميز الحسي- وزمن رد الفعل وغير ذلك من الوظائف النفسية البسيطة .

- وفي عام 1904 طلب وزير التعليم في فرنسا من عالم النفس (ألفرد بينيه Binet) وزميله الطبيب النفسي (سيمون Simon) وضع دراسة للتعرف على الأطفال الذين لا يتسطيعون التعلم بكفاءة في الفصول المدرسية العادية ، وبناء على ذلك قاما ببناء أول مقياس للذكاء يشمل 30 مشكلة مرتبة تصاعدياً بحسب درجة صعوبتها ، وتتطلب القدرة على الحكم والفهم والتعليل ونشر- هذا المقياس عام 1905 وتمت مراجعته وتعديله عام 1908 - 1911 إستناداً الى البيانات الأمبيريقية التي استمدت من تطبيق المقاييس على طلاب المدارس الفرنسية ، غير أن (ويلهام شترن Stern) وهو ألماني اقترح مفهوم نسبة الذكاء Intelligent Quotient (IQ) التي تدل على النسبة بين العمر العقلي الى العمر الزمني وضرب القيمة الناتجة في (100) واستخدمت هذه النسبة في المقياس 1908 ، وقام العالم تيرمان بمراجعة المقياس عام 1937 بحيث اشتمل على صيغتين متكافئتين (ل) ، (م) واستخدام مفهوم نسبة الذكاء التي اقترحها شترن ، وأصبح صيغة واحدة (ل - م) ضمت أفضل مفردات كل من الصيغتين وتوسع المقياس بحيث أصبح يقيس

مستوى الراشد المتفوق واستبدل مفهوم نسبة الذكاء (IQ) بمفاهيم الذكاء الانحرافية (DIQ) Deviation والتي اقترحها وكسلر Wechsler عالم النفس الأمريكي في مقياسه الذي أعده لقياس الذكاء وهو من الاختبارات الفردية.

لقد أعُدّت اختبارات الذكاء الجماعية لجميع الأعمار من الحضانة الى الجامعة ، وادى ذلك الى تصميم وتنفيذ برامج اختبارية على نطاق واسع متمثلة في اختبارات القبول في الكلية ، واختبارات إنتقاء الأفراد وتصنيفهم وتسكينهم ، واختبارات الفئات الخاصة . ولعل أهم مصدر من مصادر المعلومات المتعلقة بالاختبارات العقلية وهو الكتاب السنوي للقياس العقلي Mentel Measurement Yearbook الذي حرره أوسكار بيروس عام 1938 ولا يزال إصداره مستمراً حتى وقتنا الحالي (علام ، 2000 : ص 349) .

● **مقاييس الذكاء وانواعها :**

سبق وأن قلنا أن هناك طرق عديدة لقياس الذكاء منها ما هو قديم ويعتمد على حكم المجتمع ومنها ما يستند الى التحصيل الدراسي ، ومع أن هذه الطرق ما زالت فعالة في قياس الذكاء إلا أنها طرق غير دقيقة وقد أدت الحاجة الى مثل هذه الدقة الى ظهور العديد من فحوص الذكاء إلا أنها طرق غير دقيقة وقد أدت الحاجة الى مثل هذه الدقة الى ظهور العديد من فحوص الذكاء التي قامت على مبدأ قياس الأداء العقلي للفرد بالنسبة الى المعدل المستخلص لعينة من الأفراد ، فعلى سبيل المثال :

طفل عمره (8) ثمان سنوات والذي يكون أداءه العقلي كما تقرر بالفحص يساوي معدل من عمرهم 10 عشر سنوات ، فإن عمره الزمني

وهو (8) سنوات بينما عمره العقلي 10 سنوات وتكون درجة ذكاءه هي حاصل تقسيم عمره العقلي على عمره الزمني ضرب 100 .

$$\text{معامل الذكاء (درجة الذكاء)} = \frac{\text{العمر العقلي}}{\text{العمر الزمني}} \times 100$$

معامل الذكاء = $\frac{10}{8} \times 100 = 125$ وهو معدل ذكاء الطفل .

ومع أن قياس الذكاء يتم في فترة زمنية معينة إلا أن نتائج القياس تكون دائما متساوية في أي زمن لاحق مما يدل على ثبات القدرة العقلية على مستوى معين طوال فترة النمو وحتى ما بعد ذلك في الكبر ، غير أن لهذا المستوى أن يقل أو يزيد في حدود بسيطة تبعاً لإختلاف ظروف الفحص ، غير أن للمستوى أيضا أن ينخفض الى درجات متفاوتة من الهبوط بسبب فعل الحالات المرضية وقد يكون هذا الهبوط دائمياً أو وقتياً تبعاً لطبيعة وشدة الحالة المرضية (كمال ، 1983 : ص 792) .

إن إهتمام العلماء بموضوع الذكاء أدى الى ظهور عدد من المقاييس منها :

1) مقاييس الذكاء العملية .

2) المقاييس الفردية وتشمل :

أ) إختبار ستانفورد - بينيه Standford - Binet Scal

ب) اختبارات وكسلر Wechsiler test

3) عامل ثرستون للذكاء Thurston .

4) مقاييس الذكاء الجمعية .

- **مقاييس الذكاء العملية .**

في مثل هذا النوع من مقاييس الذكاء لا تكون الاجابة على الأسئلة باللغة كما هو الحال في اختبارات (بينيه) بل تكون الاجابة بالرسم أو القيام

بعمل حركي ، كأن يطلب الى المفحوص أن يبني برجاً من عدة مكعبات أو أن يؤلف صورة لمنظر من أجزائها المبعثرة ، أو أن يمر بالقلم في متاهة مرسومة على الورق كي يخرج منها من أقصر طريق أو يرسم صورة لأي شخص لمعرفة ما اذا كان سيغفل عن بعض التفاصيل الهامة أو العلاقات المختلفة ، وعليه أن يملأ هذه الثقوب بقطع من الخشب ثم تسجل أخطاءه والزمن الذي يستغرقه هذا الاختبار .

ومن أشهر هذه المقاييس مقياس (بيتر وبارستون) وهو من أحسن المقاييس العملية ويطبق على الأطفال من سن 4 الى 14 وتستخدم هذه المقاييس العملية لقياس ذكاء الأميين أو الأجانب أو الصم والبكم أو صغار الأطفال أو من لديهم عيوب في النطق .

- **المقاييس الفردية ومنها :**

(مقياس ستانفورد - بينيه Stanford - Binet Intelligence Scale (SBIS)

يعد مقيلس ستانفورد - بينيه إمتداداً لمقايس بينيه Binet الأصلي وقد نشرت الطبعة الأولى لهذا المقياس 1916 في الولايات المتحدة الأمريكية وأجريت عليه عدة تعديلات في الأعوام 1937 ، 1960 ، 1972 ، 1984 ، وسوف نتناول مقياس ستانفودر - بينيه (طبعة 1916) ثم (طبعة 1984) وذلك لغرض الاختصار .

- مقياس ستانفورد - بينيه (طبعة 1916) .

إنتقى تيرمان أفضل مفردات كل من الصيغتين (ل) (م) واتسع المدى العمري من عامين حتى الرشد ، واحتوى المقياس على مواد اختبارية تناسب الطفل الصغير مثل اللعب والصور وأشياء عيانية أخرى ، ووضع دليل وكتيب لتسجيل الاجابات ومطبوعات توضيحية يسترشد بها مستخدم المقياس في تطبيقه .

لقد وضع تيرمان تعديلات أساسية حيث استخم نسبة الـذكاء الانحرافيـة Deviation IQ(DIQ) وذلك لوجود بعض الضعف في الطبعات السابقة والتي تتعلق بسبة الذكاء (IQ) وبخاصة عـدم تسـاوي الأعـمار للمفحوصين ، وصعوبة تفسيرها في المستوى العمري للراشد ، حيث لا يوجد اتفاق على العمر الزمني الذي يستخدم في مقام صيغة نسبة الذكاء في هذه الحالة ، أي العمر الذي يفترض أن يتوقف عنده النمو العقلي للفرد ، وهذه هي واحدة من المشكلات التي تحيط بها الاعتبارات .

● **مقياس ستانفورد - بينيه (طبعة 1984) :**

لم تختلف هذه الطبعة كثيراً عن الطبعات السابقة فيما عدا بعض التغيرات ومنها :

● الإفادة في التميز بين الطلاب المتخلفين عقلياً والطلاب الذين يعانون من إعاقات معينة في التعلم .

● معاونة المربين والاخصائيين النفسيين في فهم أسباب الصعوبات التي ربما توجـه بعـض الطـلاب في المدرسة .

● المعاونة في التعرف على الطلاب الموهوبين .

● دراسة نمو المهارات المعرفية لدى الأفراد من عمر عامين حتى الرشد.

إشتمل المقياس على (15) اختباراً فرعياً يشكل نظاماً هرمياً يتكون مـن ثلاثة مستويات قمتـه تمثل الذكاء (g) يليه ثلاثة عوامل تمثل :

1) الذكاء المتبلور (القـدرات) - وهـو نتيجـة الـذكاء المـائع للفـرد مـع بيئتـه أو ثقافتـه ويشـمل المعـارف والمهارات المتعلمة .

2) الذكاء المائع (القدرات) - وهو إستعداد أساسي للتعلم وحل المشكلات مستقلاً عن التعلم والخبرة .

3) الذاكرة قصيرة الأمد .

ويلي ذلك ثلاثة عوامل أقل إتساعاً هي :

1) الاستدلال اللفظي .

2) الاستدلال الكمي .

3) الاستدلال المجرد - البصري .

وهذه المستويات الهرمية الثلاثة موضحة بالشكل التخطيطي الآتي (علام 2000 : ص 374) .

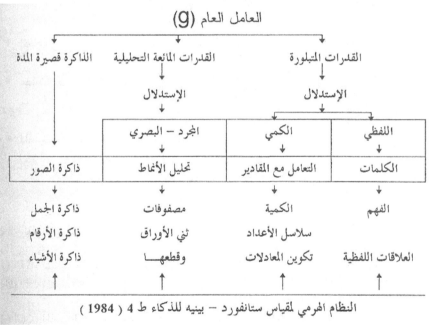

النظام الهرمي لمقياس ستانفورد – بينيه للذكاء ط 4 (1984)

وقد اشتملت عينة التقنين على أكثر من (50.000) فرد من مختلف الولايات تم تصنيفهم وفقاً للمنطقة الجغرافية وحجم المجتمع المحلي ، والسلالة ، والنوع ووجد أن قيمة معامل استقرار الدرجات الكلية في المقياس يفوق (0.90) وأكدت البيانات صدق التكوين الفرضي للمقياس ككل.

ويتميز المقياس بأنه يقيس نطاقاً واسعاً من عمليات تجهيز المعلومات لدى الفرد ، ولكن لم تؤكد نتائج التحليل العاملي البنية الهرمية للتصنيف وكان ينبغي تقسير الدرجات الكلية فقط ، حيث أنها تدل على الذكاء العام ، غير أن المقياس يتطلب مزيداً من البحث لتحديد جوانب القوة والضعف عند تطبيقه على أطفال ما قبل المدرسة ، كما يتطلب أن تتضمن العينة أطفالاً من ذوي الحاجات الخاصة (علام : ص 374) .

- **المميزات والانتقادات التي وجهت الى مقياس ستانفورد - بينيه .**

بالرغم من أن مقياس ستنافورد - بينيه يعد من أكثر مقاييس الذكاء العام استخداماً ، غير أن له إيجابيات وسلبيات أي مميزات وإنتقادات ومنها.

- **المميزات للمقياس :**

1. إن استخدام نسبة الذكاء الانحرافية في طبعة عام 1960 وما بعدها هدف للتغلب على هذه المشكلة كوسيلة لجعل نسبة الذكاء (IQ) قابلة للمقارنة في جميع المستويات العمرية .
2. يعتبر أفضل المقاييس السيكولوجية التي تنبأ بدرجة جيدة بالتحصيل الدراسي .
3. المقياس يقدم للفاحص معلومات ثرية من خلال ملاحظته سلوك المفحوص أثناء حله للمشكلات وإدائه للمهام المتباينة في درجة صعوبتها .
4. يمكّن من ملاحظة المدخل الذي ينتهجه المفحوص في حل المشكلة مثل المحاولة والخطأ في مقابل إسلوب التفكير المنظم .
5. يمكّن من ملاحظة السلوك في موقف معين .
6. مقارنة الدرجة الكلية التي يحصل عليها المفحوص بالمعايير التي تم تحديثها .

● **الإنتقادات للمقياس :**

1. يعاب عليه التركيز على القدرة اللفظية ، فتعليمات معظم أجزائه تقدم شفوياً .

2. اختباراته الفرعية تتطلب استخدام الكلمات .

3. المقياس يتطلب فاحص مدرب تدريباً عالياً على استخدام المقياس.

4. المقياس يعطي درجة كلية واحدة وبذلك لا يزودنا بمعلومات كافيـة عـن القـدرات المتعـددة للأفراد .

5. لا يناسب الكبـــار .

● **مقاييس ويكسلر للذكاء :**

أعد وكسلر مجموعة مـن المقاييس الفردية للـذكاء مـن منظور مختلـف عـن منظور مقياس ستانفورد - بينيه ، فلقد إهتم ويكسلر ببناء مقياس لـذكاء الراشدين (WAIS-R) كتجمع مـن القدرات المترابطة وليس كقدرة عامة ، فقد عمل على تضمين مقياسه جانبين أحدهما لفظي والآخـر عمـلي لغرض التغلب على مشكلة اللغة والثقافة والمؤثرات التعليمية ، وبذلك يمكن قياس ذكاء الأفراد الـذين لـديهم صعوبات في اللغة أو خبراتهم اللغوية محدودة ، ويحصل الفرد في المقياس عـلى ثلاث درجـات كليـة تمثـل الأداء اللفظي ، والأداء العملي والذكاء العام ، ففي هذا المقياس يمكن أن يحصل الفـرد عـلى نسبة الـذكاء نفسها بطرق مختلفة بحسب المفردات التي يجتازها أو يخفق في الاجابة عنها . ومن هنا يمكن الافادة مـن مقياس ويكسلر في تشخيص أنماط تفكير الفرد بدرجة أفضل ، ويمكن الحصول على معلومات أكثر ثراء مـن خلال ملاحظة سلوك الفرد أثناء أدائه العلمي . فإذا كان الأداء اللفظي يسمح

للفاحص بما يتطلبه من تركيز وانتباه ووقت طويل يمكن الفاحص من ملاحظة توجه الفرد وفي حل المشكلات ، ولهذا يستخدم مقياس ويكسلر في التشخيص الكلينيكي .

ولقد قدم ويكسلر ثلاث مقاييس منها :

(أ) مقياس ويكسلر لذكاء الراشدين (WAIS-R) .

(ب) مقياس ويكسلر لذكاء الأطفال (WISC) .

(ج) مقياس ويكسلر لذكاء أطفال قبل المدرسة (WPPSI) .

وسنتناول واحداً من هذه المقاييس وهو :

أ) مقياس ويكسلر لذكاء الراشدين (WAIS-R)

صمم هذا المقياس لقياس ذكاء الراشدين للأعمار التي تتراوح بين 16-75 عام ، ويشتمل المقياس على مقياسين فرعيين أحدهما اللفظي Verbal Scale ، والآخر مقياس الأداء العملي Performance Scale ، ويتكون المقياس الأول من ستة اختبارات فرعية ، والمقياس الثاني من خمسة اختبارات فرعية ، ومن هذه الاختبارات ما يلي :

- **المقياس اللفظي - ويشمل :**

1. المعلومات - وهي أسئلة تتناول معلومات عامة في موضوعات مختلفة مرتبة تصاعدياً من حيث صعوبتها ، وهي مصممة لقياس المعلومات العامة المتوافرة لدى معظم قطاعات المجتمع .

2. الفهم وهي أسئلة تقيس الحكم الواقعي .

3. الحساب وهي مسائل كلامية تتطلب قدراً ضئيلاً من المهارات الحسابية ، وتقيس التركيز .

4. المتشابهات وهي أسئلة تتضمن أزواجاً من الكلمات ، وتتطلب توضيح أساس التشابه بين كل زوج منها ، وتقيس التفكير المجرد .

5. وسع الذاكرة للأرقام وهي أسئلة تتطلب إعادة ذكر أرقام بترتيبها الأصلي أو بالترتيب العكسي .

6. معاني الكلمات وهي أسئلة تتطلب تعريف كلمات أو مصطلحات عامة وتقيس مستوى فهم الكلمات .

● **مقياس الأداء العملي - ويتكون من :**

1. رموز الأرقام و تتطلب استبدال شئ برمز مجرد استرشاداً بقائمة توضح التناظر بينهما ، وذلك في مدة زمنية تتراوح بين دقيقة ونصف وتقيس الوظائف البصرية الحركية .

2. تكميل الصور و تتطلب تحديد الجزء المفتقد من صور معينة ، ويقيس إدراك التفاصيل.

3. تصميم المكعبات - يتطلب ترتيب مكعبات ذات ألوان معينة بحيث تكون مماثلة لتصميمات معطاة وتقيس القدرة على التخطيط .

4. ترتيب الصور - تتطلب ترتيب بطاقات مختلفة ترتيباً متسلسلاً ، وتقيس الاستدلال غير اللفظي .

5. تجميع الأشياء - يتطلب تجميع أجزاء متاهات متباينة في درجة تعقدها بأسرع ما يمكن ، ويقيس القدرة على تحليل علاقة الأجزاء بالكل .

● **3) عامل ثيرستون (Thurstone) للذكاء :**

ينظر علماء النفس الأمريكيون الى الذكاء نظرة مختلفة ، فمثلاً ربما يكون الفرد لديه قدرة لفظية مرتفعة ، وقدرة ميكانيكية وقدرة عددية

وقدرات أخرى عديدة منخفضة ، ويعتمد عدد من القدرات الأساسية التي تعتمد على الأساليب الاحصائية المستخدمة لإستخلاص هذه القدرات التي تسمى عوامل ، كما يعتمد عددها على الإطار النظري الـذي يتبناه الباحث في القدرات العقلية وتوصل ثيرستون الى مجموعة من القدرات العقلية الأولية Primary Mentel Abilities واستطاع تحديد مجموعة من العوامل المستقلة نسبياً عـن بعضها الـبعض الآخـر ، وحدد سبع خصائص منها .

1. الفهم اللفظي : ويعني تحديد مدلولات الكلمات وفهمها .

2. العلاقة اللفظية : وتعني القدرة على استحضار الكلمات بسرعة .

3. القدرة العددية : وهي القدرة على حل المسائل الحسابية .

4. القدرة المكانية : وهي القدرة على فهم العلاقات المكانية .

5. الذاكرة الصماء : وهي القدرة على التذكر والاستدعاء .

6. الإدراك : وهو القدرة على التعرف السريـع عـلى أوجـه الشبه والاختلاف بـين الأشياء وتفاصيل الموضوعات والمثيرات .

7. الاستدلال : وهو القدرة على فهم المبادئ والمفاهيم الضرورية لحل المشكلات .

● 4) مقاييس الذكاء الجمعية :

وهي ختبارات تجري على مجموعة من الأفراد وهي لا تحتاج إلا لورقة وقلم ويشتمل معظمها على مفردات اختبار من متعدد مما يسهل عملية التصحيح . وهـذه الاختبـارات لا تتطلـب مـواد مرتفعـة الكلفة أو فاحصين على درجة عالية من المهارة لتطبيق الاختبار أو تصحيحه بموضوعية وسرعـة ، إذ يمكـن تصحيحه باستخدام الحاسوب ، غير أن إستخدام هذا النوع مـن المفـردات في كثير مـن هـذه الاختبـارات يجعل من

غير الممكن اختبار الأطفال والأميين أو الذين لديهم إعاقات سميعة أو بصرية بها مما يتطلب إختبار ذكاء جمعية غير لفظية .

وتتكون إختبارات الذكاء الجمعية غير اللفظية من مقياسين هما مقياس ألفا (Alpha) وبيتا (Beta) ، وقد صنع المقياس الأول لقياس ذكاء من يعرفون القراءة والكتابة لأنه مقياس لفظي وفيه اختبارات لقياس درجة الانتباه وأخرى للتفكير اللغوي وثالثة تتلخص في حل مسائل حسابية ورابعة لقياس القدرة على إدراك أوجه التشابه والتضاد بين الأشياء . وإختبارات يطلب فيها المفحوص ترتيب عدد من الكلمات أو تكملة سلاسل من الاعداد واختبارات لتقدير المعلومات العامة .

أما مقياس (بيتا Beta) فهو قياس عمل للأميين مادته رسوم وأشكال ورموز ومتاهات . والملاحظ أن المقاييس الجمعية هي أكثر اقتصاداً في الوقت والجهد من المقاييس الفردية كمقياس (بينيه) ، ولكن لا تعادلها في الدقة والضبط ولا نعطي فكرة عن الكيفية التي يستجيب بها الفرد للمقياس أي ملاحظة سلوكه أثناء الاختبار ، فمثلاً :

- هل هو مهتم بالاختبار أو غير مكترث ؟
- هل هو خجول أو مذعور أو مسرف في التأدب ، أو مجامل .
- هل هو يكثر من السؤال ؟
- هل هو قليل الصبر ، سريع الاهتياج ؟
- هل يستطيع تركيز انتباهه ، ويثابر إذا واجه صعوبة ؟

لذا يجب تطبيق المقاييس الفردية على الأفراد الذين تبدو نتائجهم في المقاييس الجمعية مريبة تقتضي منا الدراسة للتحقق من صحتها وكذلك يسحن استعمالها مع صغار الأطفال وضعاف العقول والأطفال المشاكسين والجانحين . في حين المقاييس الجمعية فيتعين استعمالها لتصفية الأعداد

الكبيرة من العمال والموظفين المتقدمين لشغل عمل أو وظيفة معينة وكذلك لإنتقاء الصالحين ممن يتقدمون الى المدارس والجامعات ، وتختلف مقاييس الذكاء الجمعية عن المقاييس الفردية بما يلي :

1- سهلة التطبيق .

2- لا تتطلب كفاءة عالية .

3- يمكن إجرائها على مجموعة كبيرة لمعرفة قدراتهم (مثل توجيه الطلاب للتخصصات المختلفة) .

4- لا تحتاج الى وقت طويل لتطبيقها .

5- يطبق على أفراد يحسنون القراءة والكتابة (Alpha) وبيتا (Beta) للأميين.

● **مقاييس جمعية أو فردية :**

هنالك مقاييس يمكن إجراؤها بطريقة جمعية أو فردية كمقياس الآنسة (ميرا Mira) بمعهد التوجيه المهني ببرشلونة ويتألف المقياس من 58 سؤالاً مكتوباً في كراسة وتتدرج من السهل الى الصعب ، والزمن اللازم لأجرائه 40 دقيقة وقد أعد للمقياس نموذج للاجابات الصحيحة حتى يكون تصحيحه موضوعياً لا يتأثر بوجهة نظر المصححين أو ميولهم وانحيازاتهم ، وهذه أمثلة بعض ما ورد فيها من أسئلة وأمام كل سؤال رقمه في القياس .

1- ضع خطاً تحت كلمتين من الكلمات الآتية تكون العلاقة بين كل منهما كالعلاقة بين العين والبصر .

(الأذن - اشعرة - أزرق - السمع - البحر - البحيرة)

2- أكتب العددين المكملين لسلسة الأعداد الآتية : (2 - 4 - 8 - 16 - 32 - 64 - - -)

3- ضع خطاً تحت كلمتين تكون العلاقة بين معانيهما مثل العلاقة بين مستشفى ومرضى .

(طبيب - ملجأ - سجن - قاضي - جمعية خيرية - مجرمون - مفتش)

4- أكمل الجملة الآتية بوضع كلمة واحدة في كل مسافة منقطة)

أما الكنز الذي جاء يبحث عنه فإنه في الغالب .... يوجد في مخيلته (راجح ، 1966 : ص 399) .

● خصائص الشخص الذكي :

لا يزال تعريف الذكاء موضع خلاف بين العلماء ، غير أنهم يتفقون هم والناس جميعاً على أن الصفات التي تميز الشخص الذكي من غير الذكي ، فالذكي طالباً كان أم عاملاً أم سياسياً أم تاجراً .. الخ يتميز بأنه :

- أسد يقظة وأسرع في الفهم من غيره .
- أقدر على الابتكار وحسن التصرف واصطناع الحيلة لبلوغ أهدافه .
- أقدر على التبصر في عواقب أعماله .
- غالباً ما يكون أنجح في الدراسة والحياة وفي أداء الأعمال الفكرية بوجه عام إن كانت صحته سليمة متزنة .
- أقدر على التعلم وأسرع فيه وأقدر على تطبيق ما تعلمه لحل ما يعترضه من مشكلات .
- أقدر على إدراك العلاقات ما بين الأشياء والالفاظ والأعداد .

ويميز الناس عادة بين الذكاء وغزارة العلم وبينه وبين قوة الذاكرة وبينه وبين المواهب الخاصة كالموهبة الموسيقية أو الفنية .

● العوامل المؤثرة في نمو الذكاء :

إختلف العلماء حول طبيعة الذكاء فمنهم من يؤكد على أن الذكاء قدرة عامة وموروثة ، ومنهم من أكد على دور الوراثة ودور البيئة . ونظرة العلماء تتلخص في استغلال مواهب الذكاء الفطرية الى أقصى حد ممكن اذا كانت جيدة وملائمة ، فالبيئة تعمل مع ماهو موجود فعلاً ولكنه لا تستطيع أن تخلق شيئاً من العدم ، فالعلماء يؤكدون على أن الذكاء يستند على ركنين متلاحمين ومختلفين في آن واحد هما الركن الفسلجي (المخي) أو الجسمي الفطري ، والركن الاجتماعي البيئي الثقافي المكتسب ، وهـذا يعني أن الوظائف العقلية العليا اجتماعية النشأة في الأصل من حيث محتواها وفسلجية من حيث ذاتها وبشكل أوضح يعتبر أصحاب هذا الرأي أن الوظائف العقلية العليا عند الانسان وذكاءه هـو حصيلة تطور عقلي هما عملية التطور الفسلجي أو الجسمي والركن الاجتماعي (الألوسي ، أميمه ، 1983 : ص 310) .

ومن الملاحظ أن هناك علاقة بين الذكاء وبعض المتغيرات البيولوجية والاجتماعية والثقافية والجسمية ، حيث خلصت الى أهمية عاملي الوراثة والبيئة كعاملين مؤثرين في تكوين الذكاء . وسنتناول كل مـنهما بمـا يلي :

1) الذكاء والوارثة :-

دلت الدراسات والبحوث بصورة عامة أنه كلما كانت الصلة الوراثية بين الأفراد أوثق ، كانت درجة التشابه أكبر في ذكائهم المقاس ، وذلك لأن النمط الوراثي الذي يتكون منذ اللحظة التي يتم فيها الإخصاب يؤثر في شخصية الفرد التي سوف تنمو فيما بعد ، وفي بعض الحالات المتطرفة نجد أن تلف المخ الموروث أو التشوهات الولادية قد يكون لها تأثير واضح على سلوك الفـرد . وهـذا يعنـي أن الـذكاء وراثي بصفته استعداد عام للنبوغ ، أي

أنه ليس من الضروري اذا نبغ الأصل في ناحية خاصة من نواحي الحياة (كاللغة أو الفيزياء أو الكيمياء) أن يرث الفرع النبوغ في هذا الناحية نفسها ، وإنما يرث استعداداً عاماً للنبوغ والتميز والنجاح بشكل عام .

والتجارب التي يمر فيها الفرد والتربية هي التي توجه هذا الاستعداد توجهاً خاصاً، والعكس صحيح فالفرد الذي يرث استعداد الغباء عنده اذا وجه تربوياً فقد تساعده هذه الرتبية على اجتياز بعض المواقف التي تواجهه .

ويرجع الذكاء الى التكوين الجسمي العام كتكوين الغدد الصماء والجهاز العصبي بوجه خاص والى تكوين المخ والمراكز العصبية ، فالعلماء يؤكدون على وظيفة الجهاز العصبي ، فكلما قوي بناء ذلك الجهاز وترتيب أجزاءه كان ذلك أدعى الى الذكاء . فوراثة الذكاء تأتي عن طريق وراثة القوة الجسمية بشكل عام والقوة العصبية بشكل خاص .

ومن الثابت أن هناك علاقة بين حجم المخ ووزنه وبين الذكاء وهذا يعني الكيفية والتي تشمل متانة التركيب ، وعمق التلافيف اللحائية وغزارة المادة السنجابية التي تغطي تلك التلافيف ومتانة الصلة بين المراكز العصبية (خير الدين: ص 195)

2) الذكاء والبيئة :-

إختلف العلماء في تحديد أثر البيئة في مستوى الذكاء ، ففريق منه يعزي الى البيئة التشابه في الذكاء أو الغباء بين أفراد الأسرة الواحدة ، ولكن الأغلبية الكبرى منهم ينكرون تأثير البيئة في مستوى الذكاء فهي في رأيهم لا تزيده أو تنقصه وإنما تؤثر في أنها :

- تبرز الذكاء الموروث وتخرجه من القوة الى الفعل وتوسيع مداه وتستغله الى أقصى حد ، أو تضعفه وتضيق من أفقه وذلك لعدم إعطائه فرصة كافية للظهور .

- توجه الذكاء وجهة خاصة كما هو الحال في أية صفة من الصفات الوراثية .

مظاهر الذكاء :-

دلت الاختبارات الفعلية على أن الذكاء استعداد متعدد النواحي متفرع المظاهر وأن تأثيره يظهر على عمليات عقلية مختلفة ، فمن هذه الاختبارات ما يطلب بتذكر مقاطع أو أسماء تعرض على المفحوص (المختبر) أو الموازنة بين شيئين أو أكثر لمعرفة ما بينهما من تشابه أو اختلاف من إجابات المفحوص على الأسئلة نتمكن من التعرف على الاستعدادات والمواهب المختلفة التي تستطيع أن تطلق عليها مظاهر أو دلائل الذكاء ، ولقد وضعنا الجدول التالي لتوضيح مظهر الذكاء والعلاقة الدالة وكيفية إستعماله من قبل الإنسان (السامرائي 1999 : ص 233) .

جدول يمثل علاقة الذكاء بالسلوك واستعمالاته

جدول يمثل علاقة الذكاء بالسلوك و استعمالاته

مظهر الذكاء	العلامة (الذاكرة)	استعمالاتها
1) جودة الحفظ .	ذاكرة جيدة تستوعب عناصر التجربة وتبقيها الى حين امكانية الانتفاع بها .	تساعد الإنسان على حل ما يعرض له من مشكلات .
2) سرعة التذكر .	ذاكرة جيدة ، سرعة استرجاع التجارب التي لها صلة بالموقف الجديد .	الاستفادة من التجارب السابقة مما يجعل الفرد أقدر على موجهة المواقف الجديدة الصعبة .
3) إدراك سريع ودقيق للموقف الجديد	إدراك عناصر الموقف الجديد وفهمه .	للتثبيت و الإستيعاب .
4) سرعة التلبية الصحيحة حسب الموقف الجديد .	سرعة الاقدام على ما يتطلبه الموقف الجديد .	ثبات ورباطة الجأش دون تردد خشية إضاعة الفرصة (إذا ضاعة الفرصة لا يكون للعمل فائدة) .

مظهر الذكاء	العلامة (الذاكرة)	استعمالاتها
5) المثابرة	الاستمرار في العمل ، عدم الاكتفاء بأنصاف الحلول .	فهم الموقف وإدراك الغاية والسعي نحوها .
6) المرونة		عدم التثلب وإعمال الفكر .
7) الاستكشاف والاستطلاع	عدم جمود الذاكرة ، وإضافة معارف جديدة لها	زيادة القدرة على الفهم والتحقيق .

وهذا يدل على أن السلوك يختلف بإختلاف الذكاء ويتنوع بتنوعه ، فكما أن هناك ذكاء اجتماعي فإن هناك ذكاء آلي وذكاء نظري ، وهذا ما يولد أنواع سلوكية حيث تعتبر نتائج وآثار لأنواع الذكاء المذكور . فلو أردنا أن نقيس ذكاء شخص ما لابد من ملاحظة الظروف المختلفة ودراسة أنواع سلوكه في جميع حالاته ، وهذا ما يجعل الاختبارات الذكائية متنوعة فهناك ما يختبر الذكاء النظري كالقدرة على التفكير والحكم والتعليل والموازنة بين الأشياء ومعرفة أوجه التشابه والاختلاف بين التجارب وإدراك العلاقات بين بعضها ببعض ، وبعضها ما يختبر الذكاء الاجتماعي كحل المشكلات الخلقية والاجتماعية والسياسية ، وبعضها ما يختبر الذكاء الآلي كالانتباه والملاحظة والتذكر والتخيل والأعمال اليدوية .

- **إختلاف مظاهر السلوك وعلاقته بالذكاء :**

تختلف أنواع السلوك استناداً الى نوع الذكاء وله ثلاث مظاهر منها :

1) المستوى : ويتوضح ذلك في صعوبة أو سهولة بعض الأعمال وفي صعوبة الاجابة على بعض الاختبارات دون بعضها ، فالاختبارات الصعبة تحتاج الى مستوى ذكاء عالي لحل المشكلات ، أما الاختبارات السهلة فتحتاج الى مستوى ذكاء أقل .

2) المدى : هناك بعض الأفراد يستطيعون القيام بأعمال كثيرة متنوعة متصلة في نواحي الحياة وحل المشاكل المتعددة المتصلة بالعلم والفن...الخ. والأفراد من حيث المدى السلوكي أو الذكائي طبقات فمنهم القدير الذي يفلح في حل المشكلات مهما تنوعت ومنهم من يقتصر نشاطه على المهارة في ناحية واحدة ، ولقد ثبت وجود علاقة طردية ايجابية بين المستوى والمدى ، فكلما ارتفع مستوى السلوك اتسع أفقه وتعددت نواحيه وكذلك كلما ارتفع مستوى الذكاء وسع مداه واتسع مجاله.

3) السرعة والإتقان : يلاحظ أن بعض الأفراد يؤدون عملهم بسرعة على أحسن وجه وبإتقان بينما هناك بعض الأفراد يتباطئون ويترددون في إنجاز أعمالهم ولا يصلون الى ما يريدون ، فسرعة اتقانهم لعملهم يشكل دعماً جيداً لحياتهم .

[الفروق الفردية]

تمهيد ..

يلاحظ أن الأفراد يختلفون في الميول والمواهب والاستعدادات العقلية والمزاجية والصفات الجسمية والنفسية ، ولما كانت هذه الاختلافات لا يمكن إزالتها أو العمل على جعل الأفراد متساويين في الميول والقدرات والاستعدادات لأن هذه الاختلافات قد ترجع الى عوامل وراثية أو عوامل بيئية أو عوامل وراثية بيئية معاً . وفي الماضي كانت الفروق الفردية محل عناية الأقدمين ، فأفلاطون قد دعا في جمهوريته الى ضرورة مراعاة ما بين الأفراد من فروق فقد كان يعتقد كما نعتقد نحن الآن أنه لا يمكن أن يوجد شخصان متماثلان في طبيعتهما ، وأن استعدادات الأفراد مختلفة متبانية وأن كل منهم يصلح لعمل بالذات غير الذي يصلح له الآخر (أحمد ، 1958 : ص 240) .

وهذا دفع علماء النفس الى البحث الكمي والكيفي للفروق الفردية بين الأفراد والجماعات وفي الخصائص الجسمية والعقلية والانفعالية وجوانب الشخصية المختلفة ، ومعرفة ماهية هذه الفروق وماهية طبيعتها وما هي العوامل التي تقف ورائها وكذلك معرفة أثر النمو والتدريب والكشف عن هذه الفروق وتحليلها ومعرفة أسبابها ، وهذا ما أدى الى ظهور علم النفس الفارق حيث اعتبر عام 1895 (أبوالنبل ، الدسوقي ، 1996 : ص 17) هو نقطة البداية في قياس الفروق الفردية وذلك عندما نشر الباحثان (بينيه وهنري) مقالة بعنوان علم النفس الفردي وكانت خطوتهما أول خطوة في دراسة مدى وطبيعة الفروق الفردية واكتشاف أهم السمات الفردية ثم ظهرت عدة دراسات أخرى تناولت الفروق بين الجنسين ، والجماعات

الثقافية المختلفة ، ومدى وضوح هذه الفروق ومحدداتها كالوراثة والبيئة ، والطرق المستخدمة في دراسة هذه الفروق كالملاحظة والتأمل الباطني .

إن دراسة الأفراد وما بينهم من فوارق في الذكاء والاستعدادات الشخصية والقدرات العملية يعني أن هؤلاء الأفراد ليسوا متساويين في الإدراك أو التفكير أو التعلم ، فلو عرضنا منظراً على مجموعة من الأفراد لكان لكل منهم رأيه الخاص الناتج من خبرات سابقة لديه بالمنظر فتجعل إدراكه أكثر إثراء في الوصف أو قد يعميه الكبت عن رؤية أشياء يراها الآخرون .. الخ . ويمكننا استخلاص الفروق الفردية من القياس السكولوجي الذي دلّ على :

1. أن إختلاف الأفراد في الدرجة (لا في النوع) ولهذا يمكن قياس قدراتهم وسماتهم كمياً .
2. أن هناك فروقا في قدرات وسمات الفرد نفسه في القوة والضعف كما أن هناك فروقا بين الأفراد .
3. أن فروق الأفراد ترجع لعاملي الوراثة أولاً والبيئة ثانياً .
4. تتوزع القدرات والسمات بين الناس بشكل طبيعي ، حيث أن أكثرية الأفراد (بشكل عام) على درجة متوسطة من القدرة وقلة منهم له قدرة فائقة مميزة عن الوسط وقلة ضعيفة منهم التي هي قدراتها أقل من المتوسط وهؤلاء لهم دراسات خاصة بهم .

● **تعريف الفروق الفردية :**

في بعض الأوقات نصف بعض الأفراد فنقول فرج جراح فنان بعمله وأحمد مهندس مبدع وميلاد مؤلف ممتاز . وهذا يعني أن الفروق الفردية هي فروق كمية أكثر منها فروق وصفية ، والأفراد يختلفون في صفاتهم

البدنية كما يختلفون في صفاتهم العقلية والشخصية . إذان يمكن أن نعرف الفروق الفردية بما يلي :

●● الفروق الفردية - هي الانحرافات الفردية عن المتوسط العام لصفة من الصفات .

●● الفروق الفردية - هي الانحرافات الفردية عن متويط المجموعة وقد يكون مدى الفروق كبير أو صغير .

● بماذا يختلف الأفراد :

إن مشكلة الفروق الفردية أو التفرد في الشخصية ليست بأصعب من مشكلة الفرد البيولوجي ، إن الفروق بين الأفراد ترتبط بشكل يجعل من الممكن تحديد أبعاد أو سمات أكثر عمومية ويمكن تصنيفها إلى مجموعتين رئيسيتين .

1) مجموعة الصفات الجسمية (تتعلق بالنمو الجسمي العام والصحة العامة).

2) مجموعة الصفات التي تتعلق بالتنظيم النفسي في الشخصية .

ويميز العلماء في التكوين النفسي الشخصية بين نوعين رئيسيين هما :

أ) التنظيم العقلي - يعني إدراك الفرد للعالم الخارجي وفهم موضوعاته .

ب) التنظيم الانفعالي - يعني دوافع الفرد وميوله واتجاهاته .

● أنواع الفروق الفردية :

وتشمل هذه الفروق ما يلي :

1) فروق في النوع - وتوجد في الصفات المختلفة ، مثل اختلاف الوزن عن الطول   (وهو فرق في نوع الصفة) ولهذا لا يمكن مقارنتها لعدم وجود وحدة قياس مشتركة بين الصفتين ، فالطول قياس بالأمتار أو السنتيمترات . أما الوزن فيقاس بالكيلوغرامات ، كذلك الحال بالنسبة

للفروق النفسية مثل الفرق بين الذكاء والاتزان الانفعالي هو فرق في نوع الصفة إذ لا يمكن المقارنة بين ذكاء فرد واتزانه الانفعالي لأنه لا يوجد وحدة قياس مشتركة .

2) فروق في الدرجة - إن الفروق بين الأفراد في أي صفة واحدة هي فروق في الدرجة وليست في النوع مثل الفرق بين الطول والقصر هي فروق في الدرجة ذلك لأنه توجد درجات متفاوته في الطول والقصر ويمكن المقارنة بينهما باستخدام مقياس واحد ، كذلك الحال في سمة عقلية مثل الذكاء إذ أن هناك فرقاً بين العبقري وضعيف العقل وهو فرق في الدرجة وذلك لوجود تفاوت بين كل من العبقري وضعيف العقل ولأنهما يقاسان بمقياس واحد .

● **مظاهر الفروق الفردية :**

يميز العلماء بين مظهرين رئيسين للفروق الفدرية .

1) الفروق داخل الفرد - إن الفرد الواحد لا تتساوى فيه جميع القدرات مثلاً قد يكون مستوى القدرة اللغوية عنده متوسطة ، بينما يكون ممتاز في القدرة العددية . كما أن هناك تغيرات تطرأ على سمات الفرد المختلفة مع مرور الوقت ، فالفرد في عشر سنوات تختلف قدراته وهو في سن الخامسة عشر وهو اختلاف في الدرجة .

2) الفروق بين الأفراد - وهي الاختلافات التي تلاحظ بين الأفراد في مختلف السمات الانفعالية والعقلية وهي فروق في الدرجة .

● **العوامل المؤثرة في مدى الفروق الفردية :**

يختلف المدى من صفة الى أخرى ، ومن نوع لآخر فمثلا مدى الطول يختلف عن مدى الوزن من أن الطول والوزن صفتان من صفات الجسم البشري ، كما أن القدرة على التذكر تختلف عن مدى القدرة على

الاستدلال والتذكر ، وهما صفتان عقليتان وتختلف مدى الصفات الجسمية عن مدى الصفات العقلية ، فكلما زاد تأثير العوامل الوراثية في صفة من الصفات فإن مدى الصفة يميل الى الانخفاض ، أما اذا كانت العوامل البيئية هي أكثر تأثير فإن مدى الصفة يميل الى الزيادة .

إن أوسع مدى للفروق الفردية يظهر في السمات الشخصية وأن أقلها يظهر في السمات الجسمية أما الفروق الفردية في النواحي العقلية تقع بينهما ويتأثر مدى الفروق بما يلي .

1. العمر الزمني - إذ تزداد الخبرات مع زيادة العمر ولذا تزداد الفروق الفردية مع زيادة العمر .

2. مستوى التعقيد في السلوك ، كلما زاد تعقيد السلوك زادت تبعاً لذلك الفروق الفردية

3. التدريب - ويقصد به تدريب مجموعة من الخبرات التي ترمي الى تحسين الأداء ، حيث يتفق معظم الباحثين على أن الفروق الفردية تزيد بالتدريب .

● أسباب الفروق الفردية :

عندما نبحث في أسباب الفروق الفردية نجد أنها ترجع الى عاملين هما :

أ) الوراثة وهي مجموعة الجينات التي يرثها الأبناء من الآباء ، حيث يعتقد بعض من علماء الوراثة أنها العامل الأساسي في تحديد الفروق الفردية وأن انتقال الخصائص الوراثية من الآباء الى الأبناء هو أمر مؤكد وأن كل فرد يتلقى عوامل مختلفة من الموروثات (بإستثناء التوائم المتماثلة) ، فالعلاقة بين الجينات والخصائص الجسمية مثل لون الشعر والعينين وكثير من الاضطرابات (كالأمراض الوراثية) ترجع الى الوراثة ، ويبقى السؤال

ماذا عن الذكاء والسمات الشخصية الأخرى وهل تؤثر الوراثة فيها ؟ الجواب أن الوراثة تؤثر على كل مظاهر السلوك الانساني بما في ذلك الذكاء ولكن من الصعب تحديد القدر الذي يتأثر فيه سلوكنا وذكائنا بالوراثة ، ويلاحظ كلما كانت صلة القربى وثيقة كلما كان التشابه أكبر في الذكاء ، ومن الواضح أن الذكاء يتأثر بالوراثة ومن المحتمل أن تكون القدرة العقلية محددة بعدد من الجينات الموروثة من الآباء .

ب) البيئة - وهي جميع المثيرات التي يعيشها الفرد منذ بدء حياته الى مماته ، حيث يرجع بعض العلماء أي انحراف في السلوك أو قصوره أو عجزه الى النظام التعليمي ويؤكدون مبدأ المسازات بين الناس فيما لديهم من إمكانات اذا ما أتيحت لهم فرص متكافئة لتنميتها ، فبيئة الطفل الأولى هي داخل الرحم ويتلقى الجنين داخل الرحم استثارات حسية ثابتة وذلك من السائل الأميني المحيط به ومن ضربات قلب الأم كما أن صحة الأم وغذائها واستخدامها العقاقير وحالتها الانفعالية كلها تؤثر على الجنين داخل رحم الأم ، غير أنه يمكن أن تشكل جينات الفرد حدوداً عليا ودنيا للذكاء أي أنه تحدد القدرة العقلية ، أما المؤثرات البيئية التي تحدث للشخص خلال نموه فإنها تحدد أين تقع نسبة ذكاء ضمن هذا المدى .

إن التأثير في الصفات المختلفة عند الفرد يتوقف على درجة التغير الحادث في الظروف البيئية . غير أن هناك قسم من العلماء يرى أن أسباب الفروق الفردية يعود الى (البيئة والوراثة) ، فهم يرون الانسان يحمل سمات تنتقل اليه عبر الوراثة ولكنه يخضع للبيئة فيؤثر فيها ويتأثر بها . وتبقى المشكلة هي تحديد الأثر النسبي لكل من الوراثة والبيئة في تكوين السمات النفسية .

● **المؤثرات في الفروق الفردية :-**

هناك كثير من المؤثرات تؤدي الى الفروق الفردية والتي تنعكس على نشاط الفرد ، ومنها .

أ) الذكاء /

وهو أحد أسباب الفروق الفردية بل أهمهما ، ذلك لأن الذكاء هو تلك القدرة التي تساعد الفرد على التكيف مع البيئة ومواجهة المواقف الطارئة لحل المشكلات، وبالتالي تمكنه من التفكير المجرد واستعمال المفاهيم الدافعة والرموز المختلفة للتصرف إزاء مواقف الحياة كالرموز اللغوية والعددية ، والذكاء يشكل قدرة الفرد على التعلم والقيام بعمل على درجة من الصعوبة أو التعقيد أو قدرته على التجديد أو الخلق أو الابتكار .

والمعروف أن الذكاء هو قدرة لها أساس بيولوجي ومن الثابت علمياً أن الذكاء يتأثر بالبيئة التي يعيش فيها الفرد وبمدى انتشار الثقافة في هذه البيئة (جرجيس ، 1983 ، ص 21) . ولقد أجمعت الدراسات العلمية على أن السمات الانسانية والعقلية موزعة في جميع الشعوب وفقاً لمنحنى بياني يتخذ شكل ثابتا لا يتغير يشبه الجرس ، والشكل التالي يوضح ذلك .

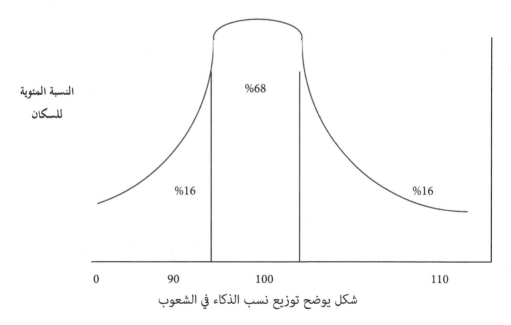

شكل يوضح توزيع نسب الذكاء في الشعوب

حيث يمكننا أن نستنتج من الشكل السابق ما يلي :

1) أن معظم أفراد الشعوب يقع في مركز الوسط من منحنى الذكاء أي نسبـة 68%.

2) يقل عدد الأفراد كلما ابتعدنا عن قمة الجرس واتجهنا نحو الطرفين .

3) يقع على جانبي وسط الجرس 16% من الناس .

ومن الملاحظ أن الاتجاه الحالي لتعريف الذكاء ينحو منحى سيكولوجي وظيفي عن طريق الأداء ويؤكد القدرة على التعليم والتكيف .

والجدول التالي يوضح نسب الذكاء وما يقابلها مـن تسـميات تطلـق عـلى الأفراد بعـد تعرضهم لمقاييس الاختبارات . (خير الدين : ص 197) .

جدول يوضح نسب الذكاء وما يقابلها من تسميات تطلق

على الأفراد بعد تعرضهم لمقاييس وإختبارات الذكاء

التسميـة	الدرجــة	م
معتوه Idiot	أقـل من 20	1
أبلـه Imbecile	20 - 25	2
طفلي (مافون) Moron	50 - 70	3
غبــي	70 - 90	4
متوسط الذكاء	90 - 110	5
ذكـــي	110 - 125	6
ممتـاز	125 - 140	7
عبقري	140 فأكــثر	8

ب) القدرات الخاصة /

في ضوء الحقائق العلمية ، علمنا أن الأفراد يختلفون في معامل الذكاء وهو تلك القدرة العامة التي توضح المستوى العقلي العام للفرد ، فالأفراد يختلفون من حيث قدرتهم الخاصة كالقدرة على استعمال الكلمات والادراك والاستنباط والاستقراء والدقة والسرعة في أداء الأعمال والقدرة على إدراك المساحات حيث يتوجب معرفة معامل ذكاء الفرد وقدراته الخاصة التي تتناسب مع نوع العمل المراد وصفه فيه أو توجيهه مهنياً أو علمياً .

ج) الميـــول /

كما إختلف الأفراد في الذكاء وفي القدرات والاستعدادات فإنهم أيضاً يختلفون في الميول ، فمن الملاحظ أن بعض الألإراد لهم قدرة على القيام بعمل ما ولكنهم لا ينجحون به لعدم ميلهم له .. كما أن هناك الكثير ممن يحمل شهادات جامعية وفي تخصصات مختلفة غير أنهم لا يعملون في تخصصهم لعدم رغبتهم به، وذلك دليل على أنهم وقعوا تحت مؤشرات القبول في الجامعات التي جاءت مغايرة لرغباتهم وبالتالي أرغموا على هذه الدراسات التي لم يكن يميلون لها .

فالبحث في حقيقة ميول الأفراد ومراعاة هذه الميول لمساعدتهم في القيام باختبار مهني حكيم أو أكاديمي (يوسف 1964 ، ص 487) ، لهذا تعتبر الميول استفتاء أو استبيان مطول يستخدم إسلوب التقرير الذاتي الذي يهدف الى الحصول على معلومات عن جانب من جوانب الشخصية وذلك بأن تجعل الشخص يصف خصائصه ومميزاته الذاتية (أبوحطب 1987 ، ص 485).

ولقدعرف أدوردسترونج الميول بأنها (الاستجابة لرغبة في شئ أو الاستجابة لعدم الرغبة فيـه) ،
ولقد ظهرت اختبارات موضوعية تستقصي ميول الأفراد وتحاول استكشافها في الفرد وهي اختبارات تفترض
أنه اذا كان لدى الفرد ميل خاص فلابد أنه يعلم أكثر من غيره بنواحي هذا الميل الـذي يـدعوه الى الانتبـاه
الى نواح معينة تستثيره وجدانيا وتدفعه نفسياً الى اتخاذ هذا النوع من السلوك ، ومـن الجـدير بالـذكر أن
بعض الميول ثابت وبعضها يتغير مع تغير السن والظروف المحيطة بالفرد .

مراجع الكتاب

1) أبو النيل ، محمد السيد وإنشراح محمود الدسوقى ، علم النفس الفارق ،ط1، دار النهضة العربية ، 1996 .

2) أبو حطب ، فؤاد . وعثمان سيد أحمد ، التقويم النفسي ، ط 1 ، مكتبة الانجلو المصرية 1987.

3) أبو حطب ، فؤاد . وآمال صادق ، مناهج البحث وطرق التحليل الإحصائي في العلوم النفسية والتربوية والاجتماعية ، ط 1 ، القاهرة : مكتبة ألانجلو المصرية ، 1991 .

4) الألوسي ، جمال حسين ، علم النفس العام ، ط 1 ، بغداد : مطبعة وزارة التعليم العالي والبحث العلمي ، 1988 .

5) أميمن ، عثمان على ، في نظريات الشخصية ، الخمس : مطبعة عصر الجماهير، 2000 .

6) إبراهيم ، عبد الستار ، أسس علم النفس ، ط 1 ، الرياض : دار المريخ للنشر ، 1987 .

7) امسيلي ، جور دون . ر ، وآخرون ، إتجاهات علم النفس المعاصر ، ترجمة : عبد الله أمحمد عريف وبشير الشيباني ، بنغازي منشورات جامعة قار يونس ، 1993 .

8) بدر ، أحمد ، أصول البحث العلمي ومناهجه ، ط 8 ، القاهرة : مكتبة الأكاديمية ، 1986 .

9) توق ، محي الدين ، وعبد الرحمن عدس ، أساسيات علم النفس ، ط 1 ، جون وايلي وأولاده ، الجامعة الأردنية ، 1984 .

10) الجسماني ، عبد العلي ، علم النفس وتطبيقاته الاجتماعية والتربوية ، ط1، بيروت: الدار العربية للعلوم ، 1994 .

11) جلال ، سعد ، المرجع في علم النفس ، ط 2 ، القاهرة : دار الفكر العربي، 1985.

12) حسن ، عبد الباسط محمد ، أصول البحث الأجتماعي ، ط 3 ، القاهرة مكتبة الانجلو المصرية، 1971 .

13) حسين ياسين وأميمه على ، علم النفس العام ، ط 1 ، بغداد ، 1983 .

14) خير الدين ، حسن محمد العلوم السلوكية ، المبادئ والتطبيق ، ط 1 ، القاهرة ، مكتبة عين شمس ، سنة الطبع لا توجد.

15) راجح ، أحمد عزت ، أصول علم النفس ، ط 11 ، القاهرة : دار المعارف بمصر ، 1977 .

16) راجع ، أحمد عزت ، أصول علم النفس ، ط 11 ، القاهرة : دار المعارف ، 1977 .

17) ربيع ، مبارك ، عواطف الطفل ، ط 1 ، الدار العربية للكتاب ، طرابلس، 1984 .

18) الريماوي ، محمد عودة ، في علم نفس الطفل ، عمان : منشورات الجامعة الأردنية ، 1993 .

19) زهران ، حامد عبد السلام ، التوجيه والإرشاد النفسي ، ط 2 ، القاهرة : عالم الكتب،1980 .

20) زهران ، حامد عبد السلام ، الصحة النفسية ، ط 2 ، القاهرة : عالم الكتب ، 1977 .

21) السيد ، عبد الحليم محمود وآخرون ، علم النفس العام ، ط 3 ، القاهرة : مكتبة غريب ، 1990 .

22) السيد ، فؤاد البهي ، علم النفس الإحصائي وقياس العقل البشري ، ط 1 ، القاهرة : دار الفكر العربي ، 1978 .

23) السيد عبد الحليم محمود وآخرون ، علم النفس العام ، ط 3 ، القاهرة : مكتبة غريب، 1990 .

24) شحيمي ، مشاكل الأطفال .. كيف نفهمها . المشكلات والانحرافات الطفولة وسبل علاجها ، ط1 ، بيروت : دار الفكر اللبناني ، 1994 .

25) الشماع ، نعيمة ، الشخصية - النظرية - التقييم . مناهج البحث ، ط 1 ، القاهرة : المنظمة العربية للثقافة والعلوم ، معهد البحوث والدراسات العربية، 1977 .

26) الشيباني ، عمر التومى ، أسس علم النفس العام ، طرابلس : منشورات الجامعة المفتوحة ، 1996 .

27) الشيباني ، عمر محمد التومي ، أسس علم النفس العام ، ط 1 ، بنغازي : دار الكتب الوطنية، 1996 .

28) الشيخ يوسف ، وجابر عبد الحميد ، سيكولوجية الفروق الفردية ، ط 1 ، دار النهضة العربية 1964.

29) الطويل ، عزت عبد العظيم ، وعلي عبد السلام علي ، محاضرات في علم النفس العام ، الإسكندرية: المكتب الجامعي الحديث ، 1991 .

30) الطيب ، محمد عبد الظاهر ، ومحمود عبد الحليم منسي ، مبادئ علم النفس العام ،ط 1 ، الإسكندرية : دار المعرفة الجامعية ، 1994 .

31) عاقل ، فاخر ، معجم العلوم النفسية ، إنجليزي - عربي ، ط 1 ، بيروت: دار الرائد العربي ، 1988 .

32) عبد الخالق ، أحمد محمد ، علم النفس - أصوله ومبادئه ، الإسكندرية : دار المعرفة الجامعية ، 1993 .

33) عبد الخالق ، أحمد محمد ، وعبد الفتاح محمود دويدار ، علم النفس أصوله وتطبيقاته ، ط 1 ، الاسكندرية : دار المعرفة الجامعية ، 1993 .

34) عبد الغفار ، عبد السلام ، مقدمة في علم النفس العام ، بيروت : دار النهضة العربية ، بلا تاريخ .

35) عبد الغفار ، عبد السلام ، مقدمة في علم النفس العام ، ط 1 ، بيروت : دار النهضة العربية ، (بدون سنة نشر).

36) عدس ، عبد الرحمن ، ومحي الدين تومه ، المدخل الى علم النفس ، ط3، عمان : مركز الكتب الأردني ، 1993 .

37) عريفج ، سامي ، خالد حسين مصلح ، مفيد نجيب حواشين ، مناهج البحث العلمي وأساليبه، ط2، عمان : دار مجدلاوى للنشر والتوزيع ، 1987 .

38) علام ، صلاح الدين محمود . القياس والتقويم التربوي والنفسيـ أساسياته وتطبيقاته وتوجيهاته المعاصرة ، القاهرة ، ط 1 ، دار الفكر ، 2000 .

39) عليان ، هشام ، صالح هندي ، تيسير الكوفحى ، الممحص في علم النفس التربوي ، ط3 ، عمان : دار الفكر للنشر والتوزيع ، ش1987 .

40) عوض ، عباس محمد ، علم النفس العام ، الإسكندرية : دار المعرفة الجامعية ، 1994 .

41) عوض ، عباس محمود ، علم النفس العام ، ط 2 ، الإسكندرية : دار المعرفة الجامعية ،1994.

42) عويضه ، الشيخ كامل محمد ، مدخل إلى علم النفس ، ط 1 ، دار الكتب العلمية ، لبنان ، 1996.

43) عيسوى ، عبد الرحمن ، علم النفس العام ، بيروت : دار النهضة العربية، 1987.

44) عيسوي ، عبد الرحمن ، علم النفس العام ، ط 1 ، بيروت ، دار النهضة العربية للطباعة والنشرـ ، 1987 .

45) العيسوي ، عبد الرحمن ، مناهج البحث في علم النفس أساليب تصميم البحوث وطرق جمع المعلومات، ط 1 ، المكتب العربي الحديث ، بدون سنة نشر .

46) فرج صفوت ، القياس والتقويم ، ط 1 ، دار الفكر العربي ، 1980 .

47) فهمي ، مصطفى ، الصحة النفسية ، ط 1 ، دار الثقافة ، 1963 .

48) القبي ، بشير سالم ، السلوك فهمه ، تشخيصه تفسيره علاجه ، ط 1 ، طرابلس : الدار الجماهيرية للنشر والتوزيع والإعلان ، 1986 .

49) القذافي ، رمضان محمد ، علم النفس الإسلامي ، طرابلس : منشورات الجامعة الإسلامية ، 1990 .

50) القوصي ، عبد العزيز ، علم النفس ، ط 1 ، القاهرة : مكتبة النهضة المصرية ، 1957 .

51) كمال ، على ، النفس وانفعالاتها ، أمراضها ، علاجها ، بغداد ، 1983 .

52) ماضي ، علم النفس البشرية تكوينها واضطراباتها وعلاجها ، بيروت : دار النهضة العربية ، 1991.

53) مجلد عالم الفكر ، مجلد 11 ، العدد 2 ، 1980 .

54) مراد ، يوسف مبادئ ، علم النفس العام ، دار المعارف ، 1957 .

55) ملاك جرجيس ، سيكولوجية الادارة والانتاج ، ط 1 ، الدار العربية للكتاب ، 1983.

56) مليكة ، لويس كامل ، العلاج النفسي ، مقدمة وخاتمة ، القاهرة : مطبعة فيكتور كرلس ، 1997 .

57) موسى ، عبد الحي ، المدخل الى علم النفس ، ط 4 ، القاهرة : مكتبة الخازنجي ، دار الرفاعي بالرياض ، 1994 .

58) موسى ، عبد الله عبد الحي ، المدخل إلى علم النفس ، ط 4 ، القاهرة : مكتبة الخازنجي ،1994 .

59) الهجرسي ، سعد محمد ، أساسيات المنهج العلمي ، مجلة مكتبة الجامعة ، الكويت ، مجلد 2 ، عدد 2 ، (1973) .

60) وافي ، على عبد الواحد ، الأسرة والمجتمع ، ط 6 ، مكتبة النهضة ، مصر ، 1966.

61) يوسف ، أحمد أسس التربية وعلم النفس ، ط 3 ، مكتبة الانجلو المصرية، 1958 .

62) - Webster's New Twentieth century Dictionary of English Language 1960

- Shorter Oxford English Dictionary .

- Good carter V.and Scates .D.E.Methods of Research Educational psychological, Sociological, N.Y. Appellation 1954 .

الفهــرس

الموضـــــوع	رقم الصفحة
المقدمــــة	1

الفصــل الأول

مفاهيم أساسية في علم النفس ومناهجه البحثية	4
العلم وتعريفـه	5
المنهج العلمي	6
مميزات الطريقة العلمية	6
القانون	6
النظرية	8

الفصــل الثاني

نشأة وتطور علم النفس	10
إسهامات العرب والمسلمين في علم النفس	12
مفهوم العلم	16
معنى النفس	17
تعريف علم النفس	18
خصائص علم النفس في ضوء التعريفات السابقة	20
موضوع علم النفس	21
معنى المنبّه	28
معنى الاستجابة	28
أهداف علم النفس	29

الفصـــل الثالث

علاقة علم النفس بغيره من العلوم 34

فروع علم النفس 35

مدارس علم النفس 48

الفصـــل الرابع

مناهج البحث في علم النفس 58

منهج التأمل الباطني 59

نقد منهج التأمل الباطني 61

المنهج التجريبي 61

منهج دراسة الحالة 63

خطوات دراسة الحالة 64

المعلومات المطلوبة لدراسة الحالة وكيفية التحقق من صحتها 65

بعض الأساليب المستخدمة في دراسة الحالة 65

نقد منهج دراسة الحالة 67

الفصـــل الخامس

الدوافع 68

مفهوم الدوافع 70

دورة الدوافع 72

قياس قوة الدوافع 72

حالات الدوافع 73

مسار السلوك 74

تكيف الإستجابة 75

بعض المفاهيم المتعلقة بالدوافع 75

الدوافع الفطرية 78

مميزات الدوافع الفطرية 78

تصنيف الدوافع الفطرية 78
أقسام الغرائز وانفعالاتها 84
تحور الدوافع الفطرية 85
قياس الدوافع الفطرية 86
الدوافع المكتسبة 87
تصنيف الدوافع المكتسبة 88
الدوافع المكتسبة العامة 89
دوافع مكتسبة حضارية 91
دوافع مكتسبة خاصة 92

الفصـــل السادس

الإنفعالات 94
تعريف الإنفعال 95
أبعاد الإنفعال 96
أنواع الإنفعالات 97
التعبير عن الإنفعالات 100
التغيرات المصاحبة للإنفعالات 101
اثار الإنفعالات 103

الفصـــل السابع

الميول والعواطف 105
تعريف الميول 107
قياس الميول 107
إختبار كيودر للميول المهنية 109
نقد إختبارات الميول وتقويمها 110
العواطف 111
تعريف العواطف 112

خصائص العواطف 112

مكونات العواطف 113

وظيفة العواطف 114

نشأة وتطور العواطف 115

أصناف العواطف 116

الفصـــل الثامن

الإتجاهات النفسية مكوناتها وقياسها 118

تعريف الإتجاه 119

خصائص الإتجاه 120

كيف يتكون الإتجاه 121

مكونات الإتجاه 123

تعقيد الإتجاهات 124

مفهوم وطبيعة اتجاهات الفرد 124

تأثير الإتجاهات على السلوك الخارجي 126

قياس الإتجاهات 127

المؤثرات على نمو الإتجاهات 127

الفصـــل التاسع

الإنتباه والإدراك 129

أنواع الإنتباه 130

مثيرات الإنتباه 131

مشتتات الإنتباه 133

حصر الإنتباه 134

الإدراك 136

طبيعة الإدراك 136

مراحل عملية الإدراك 138

أثر خصائص الفرد في عملية الانتقاء الإدراكي 141

النسق الإدراكي 143

إضطرابات الإدراك 146

الفصـــل العاشر

التذكر والنسيان 147

تعريف التذكر 148

مراحل التذكر 148

أنماط التخزين للمعلومات 153

مقاييس التذكر 154

الوعي والنسيان 156

نظريات النسيان 157

مفاهيم حول النسيان 159

تقوية الذاكرة 159

اضطرابات الذاكرة 160

الفصـــل الحادي عشر

التفكير 161

مفهوم التفكير 162

أنواع التفكير 163

العلاقة بين التفكير والإدراك 163

أنماط التفكير 164

أدوات التفكير 164

مستويات التفكير 167

مراحل التفكير العلمي 167

المتغيرات المؤثرة في حل المشكلة 168

الفصـــل الثاني عشر

الذكاء والفروق الفردية 170

تعريف الذكاء 171

تطور مقاييس الذكاء 173

مقاييس الذكاء وأنواعها 174

خصائص الشخص الذكي 186

العوامل المؤثرة في نمو الذكاء 187

مظاهر الذكاء 189

إختلاف مظاهر السلوك وعلاقته بالذكاء 190

الفروق الفردية 192

تعريف الفروق الفردية 193

بماذا يختلف الأفراد 194

أنواع الفروق الفردية 194

مظاهر الفروق الفردية 195

العوامل المؤثرة في مدي الفروق الفردية 195

أسباب الفروق الفردية 196

المؤثرات في الفروق الفردية 198

المراجع 202

T0271441

Printed in the United States
By Bookmasters